LAROUSSE

Comunicarse **Inglés**

Fácil

Básico

LAROUSSE

Aribau 197-199 3ª planta   Dinamarca 81   Valentín Gómez 3530   21 Rue du Montparnasse
08021 Barcelona   México 06600, D. F.   1191 Buenos Aires   75298 Paris Cedex 06

P9-CKE-249

EDICIÓN ORIGINAL

Redacción
Angela Aries, Dominique Debney

Coordinación editorial
Cédric Pignon

Corrección
Marie-Odile Martin,
Ronan McErlaine

Secretaria de redacción
Iris Llorca

Concepción gráfica
Jacqueline Bloch

Informática editorial
Philippe Cazabet

Director de colección
Ralf Brockmeier

EDICIÓN HISPANÓFONA

**Director editorial para
América Latina**
Aarón Alboukrek

Editor adjunto
Luis Ignacio de la Peña

**Traducción de Larousse
con la colaboración de**
Adriana Santoveña

Coordinación editorial
Verónica Rico

Revisión de Pruebas
Rossana Treviño

**Formación y
composición tipográfica**
Ricardo Viesca

Diseño de portada: David Jiménez Minero

PRIMERA EDICIÓN — 2ª reimpresión

ISBN 2-03-540077-5 (Larousse / VUEF)
ISBN 970-22-0775-4 (Ediciones Larousse)

*Larousse y el logotipo Larousse son
marcas registradas de Larousse, S. A.*

Impreso en México — Printed in Mexico

Esta obra se terminó de
imprimir en Febrero de 2004 en
Programas Educativos, S.A de C.V.
Calz. Chabacano No. 65-A
Col. Asturias C.P. 06850 México, D.F.
Empresa Certificada por el Instituto Mexica
de Normalización y Certificación A.C. bajo
las normas ISO-9002: 1994/NMX-CC-004
1995 con el Núm. de registro RSC-048 e
ISO-14001:1996/NMX-SAA-001: 1998
con el Núm. de registro RSAA-003

Contenido

Las siguientes letras y combinaciones de letras no se pronuncian igual que en español:

a puede pronunciarse:

> [ɑː] como en *after*,
>
> [eɪ] como en *name*,
>
> [ɒ] como en *wash*,
>
> [ə] como en el artículo *a*,
>
> [æ] como en *manage*,
>
> [eə] como en *care*.

e puede pronunciarse [e] como en *ten* o [iː] como en *she*. También puede ser muda, como en *finished* ['fɪnɪʃt].

g puede pronunciarse [g] como en *give* o [dʒ] como en *page*. También puede ser muda, como en *night* [naɪt].

h es aspirada en la mayoría de las palabras, como en *hat* [hæt]. De igual modo, puede ser muda como en *hour* ['aʊər].

i puede pronunciarse:

> [ɪ] como en *pig*,
>
> [aɪ] como en *nice*,
>
> [ɜː] como en *bird*.

j se pronuncia [dʒ] como en *John*.

l puede pronunciarse [l] como en *leg* o puede ser muda, como en *half* [hɑːf].

o puede pronunciarse:

> [ɒ] como en *coffee*,
>
> [əʊ] como en *no*,
>
> [uː] como en *move*,
>
> [ʌ] como en *love*,
>
> [ə] como en *tomato*.

q puede pronunciarse [kw] como en *question* o [k] como en *technique*.

r puede pronunciarse [r] como en *rich* o puede ser muda, como en *farm* [fɑːm].

s puede pronunciarse [s] como en *miss* o [z] como en *rose*.

La *s* final de los sustantivos en plural y la *s* de los verbos en tercera persona del singular puede pronunciarse [s], como en *cats*, *works*, [z] como en *dogs*, *lives* o [ɪz] como en *houses*, *rises*.

u puede pronunciarse:

> [ju:] como en *music*,
>
> [ʌ] como en *but*,
>
> [ə] como en *surprise*.

w puede pronunciarse [w] como en *wet* o puede ser muda, como en *two* [tu:].

y puede pronunciarse:

> [j] como en *yes*,
>
> [aɪ] como en *cry*,
>
> [ɪ] como en *fifty*.

La combinación *ai* puede pronunciarse [eə] como en *chair* o [eɪ] como en *wait*.

La combinación *au* puede pronunciarse [ɒ] como en *because* o [ɔ:] como en *daughter*.

La combinación *aw* puede pronunciarse [ɒ] como en *saw* o [ɔ:] como en *law*.

La combinación *ee* puede pronunciarse [i:] como en *three* o [ɪə] como en *deer*.

La combinación *ea* puede pronunciarse [i:] como en *tea* o [ɪə] como en *ear*.

La combinación *ow* puede pronunciarse [əʊ] como en *blow* o [aʊ] como en *cow*.

La combinación *oo* puede pronunciarse [u:] como en *food*, [ɔ:] como en *door* o [ʌ] como en *blood*.

La combinación *oy* se pronuncia [ɔɪ] como en *boy*.

La combinación *ou* puede pronunciarse [aʊ] como en *mouse*, [ɔ:] como en *of course*, [ʌ] como en *enough*, o también [u:] como en *through*.

Algunos sonidos no tienen equivalente o bien son raros en español, como:

- las letras *th* que se pronuncian [ð] como en *the*, *this*, *mother* o [θ] como en *three*, *think*, *thank you*.
- las letras *ng* al final, que se pronuncian [ŋ] como en *song* y *morning*.

Elementos básicos de un encuentro
Encontrarse con alguien

1. Los saludos

Saludar a alguien

Las fórmulas que se utilicen variarán según el momento del día. Las expresiones usuales son:

" *Good morning.*
Buenos días."

" *Good afternoon.*
Buenas tardes."

" *Good evening.*
Buenas noches."

⚠ **No es indispensable mencionar después del saludo el nombre de la persona a quien se saluda, pero si es alguien conocido, puede agregarse '*Mr*', '*Mrs*' o '*Miss*' seguido del apellido.**

" *Good evening Mr Watts.*
Buenas noches Sr. (Watts)."

Si conocemos bien a la persona, podemos utilizar su nombre de pila:

" *Good morning Chris.*
Buenos días, Chris."

En un ámbito más familiar basta con decir:

" *Hi (there)!*
¡Hola!"

" *Hello!*
Buenos días/Buenas tardes."

⚠️ **'Hello' y 'Hallo' pueden emplearse indistintamente. La última expresión se utiliza al responder el teléfono.**

Cómo saludar a un grupo de personas

" (Good) morning everyone!
¡Buenos días a todos!"

⚠️ **El uso de 'Good' no es sistemático, un simple 'Morning' puede bastar para los saludos familiares.**

Cómo saludar a una persona de cierta importancia:

" Good morning Sir.
Buenos días, señor (Presidente/Director)."

" Good evening Madam.
Buenos días señora (Presidenta/Directora)."

⚠️ **En teoría, 'Good morning' se utiliza antes del mediodía y 'Good afternoon' después. En la práctica, su uso depende de la hora del almuerzo, que va del mediodía a las dos de la tarde. De igual modo, la hora en que comienza a decirse 'Good evening' varía según las estaciones y la hora en que cae la noche, hacia las cinco en invierno, pero mucho más tarde en junio, cuando los días son más largos. En caso de duda, es mejor utilizar simplemente 'Hello'.**

Con frecuencia, después del saludo sigue alguna fórmula ritual como:

" Hello. How are you?
Hola. ¿Cómo está usted?"

" How are things?
¿Cómo te va?"

" How are you doing?
¿Cómo te va?"

" All right?/O.K.?
¿Qué tal?"

Cómo responder

Pueden utilizarse las siguientes fórmulas, que son las más comunes:

" *Very well, thank you. And you?*
Muy bien, gracias. ¿Y usted?"

" *Fine/Fine thank you/Fine thanks.*
Bien (gracias)."

" *Not (too) bad.*
No tan mal."

⚠️ **Note que la contracción *'thanks'* se emplea sobre todo de manera familiar.**

Reunirse con un conocido

Si la persona a quien nos dirigimos es un conocido que no hemos visto en algún tiempo, podemos emplear fórmulas como:

" *I haven't seen you for ages!*
¡Hace siglos que no te veo!"

" *How's life treating you (these days)?*
¿Cómo te trata la vida?"

" *Long time no see!*
¡Hace mucho que no te veo!"

OBSERVACIÓN

En el ámbito profesional, los británicos se dirigen a sus colegas utilizando de preferencia el nombre de pila, para ambos sexos, y en casi todos los niveles de la jerarquía. Sin embargo, antes de llamar a nuestro interlocutor por su nombre de pila, es preferible esperar a que nos invite a hacerlo. Para ello, dirá por ejemplo: *'Do call me Jim'*, es decir *'Por favor, llámeme Jim'*.

2. Las presentaciones

Presentarse a sí mismo

Cuando debemos presentarnos a nosotros mismos, la forma más común de hacerlo es:

" *My name's Paul Morgan.*
Me llamo Paul Morgan."

" *I'm Charlotte Martin from the Maonia bank.*
Soy Charlotte Martin, del banco Maonia."

En un contexto más estricto, podemos elegir entre varias opciones:

" *I don't think we've met before.*
Creo que no nos conocemos."

" *I'd like to introduce myself. I'm Tanya Green. I'm Lucie's mother.*
Me gustaría presentarme. Me llamo Tanya Green. Soy la madre de Lucie."

Entre los 15 y los 25 años, se usa una fórmula más espontánea como:

" *Hi, I'm Isabelle.*
Hola, soy Isabelle."

Presentar a dos personas entre sí

Cuando debemos presentar a dos personas entre sí en un ámbito formal, las fórmulas convencionales son las más adecuadas:

" *Mr. Black, may I introduce you to Miss Fernández.*
Sr. Black, permítame presentarle a la Srita. Fernández."

" *I'd like you to meet the headteacher of Saint Gervais High School.*
Me gustaría presentarle al director/a la directora del bachillerato Saint Gervais."

" *Can I introduce you to our Head of Sales?*
Permítame presentarle a nuestro director/nuestra directora de ventas."

De manera más sencilla y en especial entre jóvenes, puede decirse:

" Do you know everybody?
¿Conoces a todos?"

" This is Emma.
Te presento a Emma."

" Do you know George?
¿Conoces a George?"

" Emma, (this is) George.
Emma, (éste es) George."

Cómo responder

Para responder a alguien que acabamos de conocer, existen varias respuestas posibles. Es necesario elegir la más adecuada según la naturaleza de la relación que tenemos con nuestro interlocutor. Los siguientes ejemplos incluyen fórmulas que van de la más ceremoniosa a la más tradicional:

" Hello/Hi!
Buenos días/¡Hola!"

" How do you do?
Encantado/Encantada (de conocerlo)."

" Pleased to meet you.
Mucho gusto."

Para corroborar lo que ha dicho nuestro interlocutor, podemos pedirle precisiones de esta forma:

" I'm sorry, I didn't (quite) catch your name.
Perdón, no escuché (bien) su nombre."

Cómo presentarse por teléfono

En el mundo de los negocios, debemos mencionar el nombre de nuestra empresa:

" Hello! This is Mr Spielmann from Selrag.
Buenos días. Habla el Sr. Spielmann de Selrag."

6

Para expresarse de manera más formal, la mejor fórmula es:

" *Allow me to introduce myself.*
Permítame presentarme."

Pero cuando llamamos a un amigo, la fórmula es de este tipo:

" *Hello! Karen here.*
¡Hola! Soy Karen."

OBSERVACIÓN

Durante las presentaciones, se acostumbra responder simplemente *'How do you do?'* o *'Pleased to meet you!'* antes del saludo de mano. En general, este *'handshake'* es exclusivo del primer encuentro. Cuidado, debemos notar que *'How do you do?'* no es una pregunta. Para preguntar cómo estamos, nuestro interlocutor dirá *'How are you?'* o su equivalente estadounidense, utilizado frecuentemente en la actualidad, *'How are you doing?'*.

3. Despedirse del interlocutor

Fórmulas comunes

Para despedirse, por lo general basta con decir:

" *Goodbye.*
Adiós."

" *Goodbye Mr Vane.*
Adiós Sr. Vane."

" *Bye (Bye)!*
Adiós."

Cuando nos despedimos de alguien por la noche, también podemos decir:

" *Good night Jane.*
Buenas noches Jane."

⚠ Tanto **'Good night'** como **'Good evening'** pueden traducirse como **'Buenas noches'**, pero la primera expresión se utiliza cuando nos despedimos de nuestro interlocutor, y la segunda sólo cuando lo saludamos.

Fórmulas de cortesía

Cuando nos despedimos de alguien que acabamos de conocer, se acostumbra agregar esta fórmula:

" *It was nice meeting you.*
Encantado/Encantada de conocerlo."

Si veremos de nuevo a la persona después de este encuentro, podemos agregar:

" *See you soon.*
Hasta pronto."

" *See you next week.*
Hasta la próxima semana."

Fórmulas familiares

Pueden emplearse las siguientes expresiones:

" *See you again some time.*
Hasta pronto."

" *Till later.*
Hasta luego."

" *Till Sunday.*
Hasta el domingo."

Cómo despedirse por teléfono

Por teléfono es preferible elegir:

" *Speak to you soon.*
Hasta pronto."

Cómo terminar una carta

Las fórmulas para concluir una carta son más sencillas que en español. Si comenzamos nuestra carta con: *'Dear Sir(s)/Madam'*, podemos terminar con: *'Yours faithfully'* (*'Reciba un cordial saludo'*).

8 De igual manera:

> *Dear Mr/Mrs/Ms Jones*
> Estimado Sr./Estimada Sra./Srita. Jones
> (...)
> *Yours sincerely,*
> Reciba mis más sinceros saludos,

En una carta dirigida a una persona mejor conocida:

> *Dear Ann,*
> Querida Ann,
> (...)
> *(Kind) Regards,*
> Saludos,

Según el grado de familiaridad con nuestro destinatario, podemos elegir entre varias fórmulas:

> *Best wishes,*
> Te deseo lo mejor,
> *(Lots of) Love,*
> Te mando un gran abrazo,

Cómo terminar un e-mail

La elección de las fórmulas de saludo es muy libre y las formas más cortas son las mejores; las más populares son las siguientes:

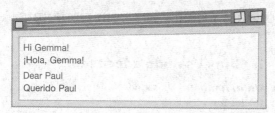

Hi Gemma!
¡Hola, Gemma!

Dear Paul
Querido Paul

La fórmula usual para terminar nuestro e-mail es:

Regards
Saludos

Si nuestro destinatario es conocido, podemos emplear las mismas fórmulas familiares que en una carta, como por ejemplo:

Love
Besos

⚠️ Note que *'love'*, que significa *'amor'*, es la fórmula preferida para terminar un mensaje dirigido a miembros de la familia o amigos cercanos.

OBSERVACIÓN

'Dear Sir/Madam' se emplea para dirigirse a un hombre o una mujer cuyo nombre no conocemos. Cuando escribimos a una sociedad o a una administración y no conocemos la identidad exacta del receptor, se emplea *'Dear Sirs'*. *'Ms'* se utiliza cuando no conocemos el estado civil de una mujer. Es importante saber que en Inglaterra algunas mujeres, sobre todo si conservan su apellido de solteras aun estando casadas, prefieren que se les llame empleando esta fórmula relativamente reciente.

Ponga a prueba sus conocimientos

I. Elija el saludo adecuado:

1. *Un(a) amigo(a) de su edad.*
   (a) It's me.
   (b) Hi there!
   (c) Good night.

2. *La directora de su oficina, a las 19:30h.*
   (a) Good night Madam.
   (b) Good evening Sir.
   (c) Good evening Madam.

3. *Un(a) desconocido(o), a las 14:00h.*
   (a) Good evening.
   (b) Good morning.
   (c) Good afternoon.

II. Elija la respuesta correcta:

1. *How do you do?*
   (a) I do very well.
   (b) Pleased to meet you!
   (c) Hi everybody!

2. *Dear Ms Reid,*
   (a) Yours faithfully,
   (b) Lots of love,
   (c) Yours sincerely,

3. *Usted tiene una cita la próxima semana:*
   (a) See you next week.
   (b) I didn't quite catch what you said.
   (c) It was nice meeting you.

Respuestas:

I. *1b - 2c - 3c* **II.** *1b - 2c - 3a*

Encuentros cordiales

1. Agradecer

Fórmulas usuales

Para agradecer algo a alguien, puede decirse simplemente:

" *Thank you (very much).*
(Muchas) gracias."

En un ámbito más familiar, puede bastar con la sencilla expresión:

" *Thanks.*
Gracias."

Responder un agradecimiento

Es común responder a los agradecimientos con una fórmula como:

" *Not at all.*
De nada."

" *Don't mention it.*
Al contrario."

Otras fórmulas de agradecimiento

Podemos agradecer de manera más concreta agregando una observación personal:

" *How beautiful!*
¡Qué bonito!"

" *It's lovely!*
¡Es hermoso!"

" *It's very kind of you.*
Es muy amable de su parte."

" *It was wonderful!*
¡Fue maravilloso!"

" It was delicious!
¡Estuvo delicioso!"

" You shouldn't have!
¡No se hubiera molestado!"

12

Entre los más jóvenes, se prefieren sobre todo expresiones como:

" It's great/cool, thanks!
¡Gracias, es estupendo!"

" Thanks, it was super!
¡Gracias, estuvo súper!"

He aquí algunos ejemplos de situaciones que podemos llegar a enfrentar:

" Thank you for the present. It's just what
I wanted.
Gracias por el regalo. Es justo lo que quería."

" I'm glad you like it.
Me alegra que te/le guste."

" They are gorgeous. What a lovely bouquet!
Están magníficas. ¡Qué hermoso ramo!"

" I know that roses are your favourites.
Sé que te/le gustan mucho las rosas."

" Thank you, that was a lovely meal.
Gracias, la comida estuvo excelente."

" I'm glad you enjoyed it.
Me alegra que te/le haya gustado."

" It was nice of you to invite us.
Fue muy gentil de tu/su parte habernos invitado."

" My pleasure.
El gusto es mío."

Si queremos transmitir el agradecimiento de otra persona:

" Thank you for the Christmas present you gave
the children.
Gracias por el regalo de Navidad que le diste/dio a
los niños."

" My husband asked me to thank you for the
concert tickets.
Mi esposo me pidió darte/darle las gracias por los
boletos del concierto."

Agradecer un favor

He aquí algunas expresiones que sirven para darle las
gracias a alguien por un favor:

" Thank you for being so helpful.
Gracias por tu/su ayuda."

" Thank you for being so patient with me.
Gracias por ser tan paciente conmigo."

" Thank you for being so understanding.
Gracias por tu/su comprensión."

" It's very kind of you to give me a lift to the hotel.
Es muy amable de su parte llevarme al hotel."

⚠ La expresión *'Thank you for...'* debe ir seguida por el
gerundio (por ejemplo *'being'*), mientras que la expresión
'It is kind/nice of you to' va seguida por la forma infinitiva
del verbo (por ejemplo *'give'*).

Expresar gratitud

Para expresar una profunda gratitud, pueden utilizarse
fórmulas como:

" I'm really grateful for what you've done.
Estoy realmente agradecido/agradecida por lo que
hiciste/hizo."

" I don't know how to thank you.
No sabría cómo agradecerte/agradecerle."

13

Expresar gratitud por correspondencia

En una carta puede escribirse:

14

> I would like to thank you for your hospitality.
> *Me gustaría agradecerle su hospitalidad.*
>
> I am very grateful to you for your help during my work experience.
> *Estoy muy agradecido por la ayuda que me brindó durante mis prácticas de trabajo.*

⚠ **Deben evitarse fórmulas abreviadas como 'I'd like' o 'I'm grateful' en las cartas; sí pueden utilizarse en los e-mails.**

OBSERVACIÓN

En inglés se utilizan mucho los adjetivos 'nice' y 'lovely', que pueden traducirse de diversas formas según lo que califiquen. Así pues, ambos pueden significar, según el caso: 'hermoso', 'lindo', 'bueno', o incluso 'amable', 'agradable', 'simpático'.

2. Felicitar

Cuando alguien logra algo, puede felicitársele con fórmulas sencillas como:

" Congratulations!
¡Felicidades!"

" *Well done!*
 ¡Bien hecho!"

" *I'm delighted to hear your good news!*
 Estoy encantado de escuchar esta buena noticia."

He aquí diversas expresiones que pueden emplearse en ocasiones particulares:

" *Congratulations on the birth of your daughter.*
 Felicidades por el nacimiento de tu/su hija."

" *Congratulations on passing your driving test.*
 Felicidades por pasar tu/su prueba de manejo."

" *Congratulations on passing your exams.*
 Felicidades por aprobar tus/sus exámenes."

Los buenos deseos

En numerosas ocasiones tendremos que presentar nuestros buenos deseos. Los siguientes ejemplos pueden ayudarnos:

" *Happy birthday!*
 ¡Feliz cumpleaños!"

" *Many happy returns!*
 ¡Feliz aniversario!"

" *Merry Christmas and a Happy New Year!*
 ¡Feliz Navidad y Año Nuevo!"

En una carta o tarjeta, las fórmulas usuales son las siguientes:

Please accept my best wishes for the future.
Permítame desearle lo mejor para el futuro.

Please accept my congratulations on your appointment as Head of Human Resources.
Permítame felicitarlo/felicitarla por su nominación como director/directora de Recursos Humanos.

I am writing to say how delighted I was to hear about your marriage to Thomas.
Me llena de alegría escuchar sobre su boda con Thomas.

OBSERVACIÓN

No sólo se acostumbra enviar tarjetas, sino también regalarlas. Existen tarjetas para cualquier ocasión, de todos los estilos y para todos los gustos. En las tarjetas ya redactadas, basta con escribir arriba *'To'* seguido del nombre del destinatario y firmar abajo, después del texto. En Navidad se intercambian millones de tarjetas entre familiares, colegas y amigos. En Gran Bretaña, las tarjetas de Navidad deben llegar antes del 25 de diciembre. Por lo general incluyen buenos deseos para el Año Nuevo.

3. Disculparse

Es fácil disculparse con mayor o menor efusión utilizando fórmulas sencillas como:

" *Sorry!*
¡Perdón!"

" *I'm sorry.*
Discúlpame/Discúlpeme."

" I'm very sorry.
Lo siento."

" I'm really sorry.
Lo siento mucho."

Después puede precisarse el motivo de la disculpa:

" I'm sorry I forgot to phone you.
Perdón, olvidé llamarte/llamarlo por teléfono."

" I'm sorry I didn't collect your parcel.
Discúlpeme, no recogí su paquete."

" Excuse me. I have an important appointment now.
Disculpe. Tengo una cita importante en este
momento."

" I'm terribly sorry we made so much noise last
night.
Siento mucho que hayamos hecho tanto ruido
anoche."

⚠️ **Cuando es complemento de objeto, el pronombre relativo *'that'* (*'que'*) puede omitirse, tanto al escribir como al hablar. Por lo demás, casi siempre se omite en la lengua hablada.**

Situaciones más formales exigen fórmulas como:

" I do apologize for my late arrival.
Por favor, disculpe mi retraso."

" I'm very sorry I missed the meeting.
Siento mucho haber faltado a la reunión."

Después puede agregarse:

" How careless of me!
¡Fue un gran descuido (de mi parte)!"

" How clumsy of me!
¡Fue muy tonto (de mi parte)!"

" How stupid of me!
¡Qué tonto!"

" *I didn't mean to do that!*
¡No lo hice a propósito!"

En las cartas, podemos elegir entre un gran número de fórmulas que reflejan los diferentes grados de nuestra intención:

18

Please accept our apologies for the double booking.
Por favor acepte nuestras disculpas por la doble reserva/reservación.

Please forgive me for this misunderstanding.
Por favor discúlpeme por el malentendido.

I regret to inform you that we have not yet received your cheque.
Siento informarle que aún no hemos recibido su cheque.

We apologise for the mistake made on your invoice.
Nos disculpamos por el error que cometimos en su factura.

We are sorry if the delay has caused you any inconvenience.
Sentimos mucho que el retraso pueda causarles inconvenientes.

De manera más familiar o por e-mail, puede decirse:

" *I am sorry to trouble you with this problem.*
Disculpe que lo moleste con este problema."

Ponga a prueba sus conocimientos

 I. ¿Qué se dice en las siguientes situaciones?

1. **El 25 de diciembre.**
   (a) Well done.
   (b) Merry Christmas.

2. **Para un cumpleaños.**
   (a) Happy birthday.
   (b) I'm very sorry.

3. **Esponsales.**
   (a) Many happy returns.
   (b) Congratulations.

4. **A quien le ofrece un regalo.**
   (a) No thanks.
   (b) That's all right.
   (c) Thank you. What beautiful roses!

5. **A quien le ha hecho un favor.**
   (a) I didn't mean to do that.
   (b) Thank you for being so helpful.
   (c) I'm sorry to bother you with this problem.

6. **Usted se disculpa.**
   (a) I meant to do that.
   (b) I'm sorry to hear your news.
   (c) I didn't mean to do that.

II. Complete las siguientes oraciones:

1. I'm really .... for what you have done. Thank you.

2. Please accept my .... for arriving late.

3. I'm sorry I .... to phone you.

4. We .... to inform you that your parcel will be delayed.

Respuestas:

I. 1b - 2a - 3b - 4c - 5b - 6c **II.** grateful - apologies - forgot - regret

1. Concertar una cita

En el ámbito profesional

Si queremos concertar un encuentro de negocios por teléfono, podemos comenzar la conversación de la siguiente manera:

" *Could I speak to Mrs Jones, please?*
¿Podría hablar con la Sra. Jones, por favor?"

" *Could you put me through to Mrs Jones, please?*
¿Podría comunicarme con la Sra. Jones, por favor?"

" *Hallo! Good morning. My name is David Thomas.*
I represent Mega Wales.
Buenos días. Soy David Thomas y represento a la empresa Mega Wales."

Después podemos continuar utilizando estas fórmulas:

" *I'd like to arrange to meet you soon, if possible.*
Me gustaría reunirme con usted pronto, de ser posible."

" *Could we arrange to meet soon?*
¿Podríamos reunirnos pronto?"

" *Could I make an appointment to see you?*
¿Podríamos concertar una cita?"

La hora de la cita

Para precisar la hora de la cita:

" *When can we meet?*
¿Cuándo podemos vernos?"

" *We need to fix the date of our next meeting.*
Debemos fijar la fecha de nuestra próxima reunión."

" *Would next Wednesday morning be convenient?*
¿Les convendría el miércoles por la mañana?"

" *Would Thursday be better?*
¿Prefieren el jueves?"

" *When are you available?*
¿Cuándo está usted libre?"

El lugar de la cita

Luego conviene ponerse de acuerdo sobre el lugar de la cita. Puede elegirse entre las siguientes fórmulas:

" *Where shall we meet?*
¿Dónde nos vemos?"

" *Shall I come to your office?*
¿Quiere que vaya a su oficina?"

" *Would you prefer to meet somewhere else?*
¿Preferiría que nos viéramos en algún otro lugar?"

" *Fine. We meet at Celtic Incorporated at 11.30
next Thursday.*
Perfecto. Nos vemos en Celtic Incorporated a las once
y media del próximo jueves."

Cuando tengamos que concertar una cita o una reunión a nombre de otra persona:

" *Mrs Major would like to see you first thing
Monday morning.*
La Sra. Major desea verlo el lunes a primera hora."

" *Mr Williams would like to organise a meeting for
the 20th of January.*
El Sr. Williams quisiera organizar una reunión para el
20 de enero."

" Mr Edwards would like to hold a committee meeting next week.
El Sr. Edwards quisiera sostener una reunión la próxima semana."

" Mrs Evans has asked me to set up a working party.
La Sra. Evans me pidió organizar un grupo de trabajo."

En caso de contratiempo

Si nos vemos en la obligación de anular o cambiar una cita, estos ejemplos podrán sernos de ayuda:

23

" I'm afraid I'll have to change our arrangements.
Por desgracia debo cambiar nuestra cita."

" I've just remembered I have another appointment at that time.
Acabo de recordar que tengo otra cita a esa hora."

" Could we meet some other time?
¿Podríamos vernos otro día?"

" I have to cancel our meeting, something's come up.
Debo cancelar nuestra reunión, se presentó algo de improviso."

Concertar una fecha por correspondencia

En una carta profesional, después de las fórmulas preliminares, conviene precisar las fechas disponibles para la cita:

As the representative of Mega Wales, I should like to make an appointment to visit your company in the near future.
Como representante de Mega Wales, me gustaría concertar una cita para visitar su compañía en un futuro próximo.

Since I shall be in your area next week, I wondered if I might take the opportunity of visiting Celtic Incorporated.
Me gustaría visitar Celtic Incorporated la próxima semana, ya que estaré de paso en su zona.

Would Monday 15th March at 2.30 p.m. be convenient?
¿Le convendría el lunes 15 de marzo a las dos y media de la tarde?

Could I possibly make an appointment with you for Tuesday 18th April at 9.30 a.m.?
¿Sería posible concertar una cita para el martes 18 de abril a las nueve y media?

Concertar una cita por correo electrónico

En un e-mail, podemos expresarnos de manera más directa:

My name is David Thomas. I am the Sales Rep. for Mega Wales and I will be in your area next week. Could I arrange to see you on Friday morning at about 9 o'clock? Let me know if this is not convenient.
Yours,

Me llamo David Thomas. Soy representante de ventas de Mega Wales y estaré en su zona la próxima semana. ¿Podría verlo el viernes por la mañana alrededor de las nueve? Hágame saber si esto le conviene.
Atentamente,

⚠ Note el uso de las abreviaturas latinas *'a.m.'* y *'p.m.'* para expresar las nociones de antes del mediodía y después del mediodía (*'ante meridian'*, *'post meridian'*).

Textos

Entre los jóvenes, un mensaje de texto (SMS, *'text message'*) es el medio más rápido y menos caro para comunicarse. En inglés suelen utilizarse recursos como:

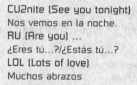

CU2nite (See you tonight)
Nos vemos en la noche.
RU (Are you) ...
¿Eres tú...?/¿Estás tú...?
LOL (Lots of love)
Muchos abrazos

Concertar una cita con un amigo

En el ámbito de las relaciones familiares, puede elegirse entre un gran número de fórmulas:

" *Can we meet soon?*
¿Podemos reunirnos pronto?"

" *Why don't you come round sometime?*
Pasa a verme uno de estos días."

" *Why don't we meet next weekend?*
¿Y si nos reunimos el próximo fin de semana?"

" *When are you free?*
¿Cuándo estás libre?"

" Are you busy on Friday evening?
¿Estás ocupado el viernes por la noche?"

" What about Saturday lunch time?
¿Qué opinas del sábado a mediodía?"

" Can you make it on Sunday?
¿Estás libre el domingo?"

" Would you rather meet somewhere else?
¿Preferirías que nos veamos en otro lugar?"

" Do you want to come here?
¿Te gustaría venir a mi casa?"

" My place or yours?
¿En mi casa o en la tuya?"

Confirmar una cita

Podemos inspirarnos en los siguientes ejemplos:

" Right, that's settled then.
Bueno, ya quedamos de acuerdo."

" Next Friday evening, outside the King's Head at
six o'clock.
El próximo viernes, delante del King's Head a las seis."

⚠ **Para expresar una sugerencia, puede utilizarse la pregunta *'why'* + *'don't'* + una base verbal. También puede utilizarse la interrogación *'what about'* seguida por un sustantivo o gerundio.**

2. Invitaciones

Formular una invitación

Existen fórmulas sencillas para hacer una invitación:

" Would you like to go to the cinema tonight?
¿Te gustaría ir al cine esta noche?"

" We'd like to invite you round for dinner.
Nos gustaría invitarlo a cenar."

" I wonder if you'd like to join us for a drink?
¿Le gustaría tomar una copa con nosotros?"

⚠ El verbo *'to wonder'*, que significa normalmente *'preguntarse'*, sirve para formular una pregunta o una sugerencia.

De manera más familiar, pueden utilizarse fórmulas más comunes como:

" Shall we go to a concert on Saturday?
¿Y si vamos a un concierto el sábado?"

" Why don't we go to the gym?
¿Y si vamos al gimnasio?"

" Let's go swimming/sailing.
Vamos a nadar/velear."

⚠ *'Shall'* se emplea en la primera persona del singular (*'I'*) y del plural (*'We'*) en forma de pregunta para hacer propuestas o sugerencias.

Para una tarde entre amigos o una reunión familiar, las siguientes fórmulas son útiles:

" We're having a few friends round, why don't you join us?
Invitamos a algunos amigos, ¿por qué no nos acompañan?"

" We'd love to see you at our little gathering if you can make it.
Si pueden venir, nos encantaría verlos en nuestra pequeña reunión."

Formular una invitación por escrito

Las relaciones más formales o las invitaciones por correspondencia requieren fórmulas más convencionales:

28

> We would be very pleased if you would come to dinner on Friday 1st April at 7 o'clock.
> Nos encantaría que pudieran venir a cenar el viernes 1ro. de abril a las siete.
>
> I should like to invite you to attend for interview on Monday 13th July at 10.30 a.m.
> Me gustaría que se presentara a una entrevista el lunes 13 de julio a las diez y media.
>
> I am writing to advise you that there will be a meeting of the Pembrokeshire sub-committee on Tuesday 11th August at 4.00 p.m.
> Le escribo para informarle que se llevará a cabo una reunión del subcomité de Pembrokeshire el martes 11 de agosto a las cuatro de la tarde.

Formular una invitación a una ceremonia o celebración

Para invitar a una boda, un banquete o una recepción especial, se envía una tarjeta impresa:

> You are invited to Charlotte and Paul's 25th wedding anniversary party which will take place at the Beverley Hotel.
> Tenemos el honor de invitarlo a la recepción con motivo de las bodas de plata de Charlotte y Paul que se llevará a cabo en el hotel Beverley.

Sarah and Tim are pleased to invite you to their housewarming party on Saturday January 19th, from 8 till late, at 11 Chadwick Close, Sandridge.

Sarah y Tim tienen el honor de invitarlo a la inauguración de su casa el sábado 19 de enero a partir de las ocho de la noche, en Chadwick Close 11, Sandridge.

Ponga a prueba sus conocimientos

I. Llene los espacios:

1. Could we .... to meet soon?
2. Are you .... on Sunday?
3. Shall we .... outside the New Tate Gallery?
4. Would you .... meet somewhere else?

II. Elija la respuesta correcta:

1. **When are you .....?**
   (a) disposable
   (b) available
   (c) inevitable

2. **We'd like to invite you ..... for dinner.**
   (a) round
   (b) under
   (c) below

3. **I am writing to advise you that there will be a ..... of the Anglesey sub-committee.**
   (a) gathering
   (b) meeting
   (c) concert

4. **We're having a few friends round. Why don't you ..... us?**
   (a) invite
   (b) engage
   (c) join

Respuestas:

I. arrange - busy/free - meet - rather **II.** 1b - 2a - 3b - 4c

Formular una pregunta

Solicitar una explicación

Si tenemos que pedir brevemente a nuestro interlocutor que aclare lo que acaba de decir:

> " *I'm sorry, I didn't (quite) understand.*
> Disculpe, no entendí (muy bien)."

> " *Can you explain what you mean?*
> ¿Podría explicar lo que quiere decir?"

> " *Can you repeat that, please?*
> ¿Podría repetirlo, por favor?"

De manera más elaborada, puede elegirse entre fórmulas como:

> " *I didn't quite understand what you just said.*
> No entendí del todo lo que acaba de decir."

> " *Would you mind repeating what you just said?*
> ¿Podría repetir lo que acaba de decir?"

> " *Could you please explain what you meant when you said ...*
> ¿Sería tan amable de explicar lo que quiso decir cuando dijo...?"

En una situación que exija más formalidad, tanto al hablar como al escribir:

> " *I would be grateful if you could explain the proposal in more detail.*
> ¿Me haría usted el favor de explicar la propuesta con mayor detalle?"

" *I regret to inform you that we did not understand all the details of the contract.*
Debo informarles que no entendimos todos los detalles del contrato."

⚠️ En inglés, *'please'* se emplea con mucha mayor frecuencia que *'por favor'* en español. Al escribir se traduce como *'Podría...'* o *'Le ruego...'*. Al hablar puede omitirse si la pregunta es lo suficientemente amable.

Oralmente, en un ámbito más familiar, pueden emplearse las siguientes expresiones:

" *Sorry I didn't catch that.*
Disculpa/Disculpe, no escuché."

" *What was that (you said)?*
¿Qué dijiste/dijo?"

" *I don't get it.*
No entiendo."

Pedir información

Para corroborar la hora, la fecha o los horarios de apertura, pueden utilizarse las siguientes fórmulas:

" *What's the time?*
¿Qué hora es?"

" *What's the date today?*
¿Qué día es hoy?"

" *Have you got the time?*
¿Podría darme la hora?"

" *Could you please tell me the date?*
¿Podría decirme qué día es hoy?"

" *When is the next bus to Colchester?*
¿Cuándo sale el próximo autobús a Colchester?"

" *What time does the bank open?*
¿A qué hora abre el banco?"

Cuando tenemos que pedir información a profesionales:

" Do you do double-glazing?
¿Venden ventanas de doble vidrio?"

" Could you give me some information on window blinds?
¿Podría darme información sobre las persianas?"

" I'm making enquiries about conservatories.
Necesito información sobre invernaderos."

Por teléfono, la pregunta puede ir precedida por la fórmula 'I´m phoning to ask...' o 'I´m phoning to enquire...':

" I'm phoning to ask whether you can send a plumber round this morning.
Llamo para preguntar si pueden enviarme a un plomero esta mañana."

" I'm phoning to enquire about office cleaning services.
Llamo para informarme sobre los servicios de limpieza de oficinas."

Pedir un favor

Cuando debemos recurrir a un colega o vecino:

" Please could you check my post while I'm on holiday?
¿Podrías/Podría revisar mi correo mientras estoy de vacaciones?"

" Would you mind looking after my cat while I'm away?
¿Podrías/Podría cuidar a mi gato durante mi ausencia?"

" Could you do me a favour and water the garden, please?
¿Podrías/Podría hacerme un favor y regar el jardín?"

En caso de problemas, podemos pedir ayuda a un desconocido:

" *Excuse me, could you tell me the way to the shopping centre please?*
Disculpe, ¿podría indicarme el camino al centro comercial, por favor?"

" *Could you help me please? I'm looking for Mr Rover. I was told he worked on this site.*
¿Podría ayudarme? Busco al Sr. Rover. Me dijeron que trabaja en este local."

Pedir un favor por escrito

Los siguientes ejemplos pueden ser útiles:

I would be grateful if you would send me some samples/a deposit.
Le agradecería enviarme algunas muestras/un depósito.

Would you kindly let me know what I need to do to book.
¿Sería tan amable de informarme qué debo hacer para hacer una reserva/reservación?

I would be pleased if you could enclose an estimate for the installation of a new gas boiler.
Le agradecería incluir un presupuesto para la instalación de una nueva caldera de gas.

Would you please send me your latest Match-O catalogue of office furniture and a current price list?
¿Podría enviarme su último catálogo de muebles de oficina Match-O y una lista actualizada de precios?

I am interested in applying for a course in Business English. Would you be so kind as to send me information on the courses available and enclose an application form?
Me interesa inscribirme en un curso de inglés comercial. ¿Sería tan amable de enviarme información sobre los cursos disponibles e incluir una solicitud de inscripción?

Por e-mail podemos limitarnos a fórmulas directas como:

Would you kindly ...
Podría usted...

Would you please ...
Por favor, podría...

Pedir permiso

Puede elegirse entre las siguientes fórmulas usuales:

" Please may I have a bath?
¿Podría tomar un baño?"

" Could I please have some more soap?
¿Podría darme otro jabón?"

" Do you mind if I phone home?
¿Podría llamar a casa por teléfono?"

" *Would you mind if I borrowed your mobile?*
¿Podría tomar prestado su celular?"

Si debemos perdir permiso a nombre de otra persona:

" *Could Susie stay for the weekend?*
¿Podría quedarse Susie el fin de semana?"

" *Do you mind if Jake comes round for supper?*
¿Podría venir a cenar Jake?"

" *Would you mind if Paul use your car?*
¿Podría Paul tomar prestado su auto?"

Para pedir una autorización más importante:

" *Will you let us light a bonfire?*
¿Nos autoriza usted a prender una fogata?"

" *May I have your permission to cut down the fir
tree?*
¿Me da su autorización para cortar el pino?"

Si se trata de algo que ya hicimos, podemos utilizar fórmulas como:

" *I hope you don't mind I made myself a cup of tea.*
Espero que no te moleste, me hice una taza de té."

" *I hope you didn't mind me helping myself to some
biscuits.*
Espero que no te importe, tomé algunas galletas."

Autorizaciones escritas

En una carta se utilizan fórmulas más complejas como:

*I should like to apply for permission to build a swimming
pool in my garden.*
*Me gustaría solicitar la autorización para construir una piscina
en mi jardín.*

I should like to submit a planning application for an annexe to my house.
Solicito un permiso de construcción para ampliar mi casa.

Ponga a prueba sus conocimientos

✎ I. Llene los espacios:

1. What .... does the train for Birmingham leave?
2. .... does the bank open?
3. Would you .... looking after my dog?
4. Could you please .... my post while I'm away?

✎ II. Elija la proposición correcta:

1. **Yes of course. There's plenty of hot water.**
   (a) I should like to build a swimming pool.
   (b) Could I please have some more soap?
   (c) Please may I have a bath?

2. **It's half past six.**
   (a) What time does the Tourist Office open?
   (b) Have you got the time please?
   (c) When does the Post Office open?

3. **In an hour's time, at 18.45.**
   (a) When is the next train for Liverpool Street?
   (b) Could you tell me the time please?
   (c) Have you got the date please?

4. **I'm sorry Madam, all our plumbers are out on call.**
   (a) I'm phoning to enquire about conservatories.
   (b) Could you please send someone round this morning to repair our bath tap?
   (c) I'm phoning to ask whether you have plums for sale.

Respuestas:

I. time - When - mind - check **II.** 1c - 2b - 3a - 4b

Propuestas

1. Hacer una propuesta

Para hacer una sugerencia, puede decirse simplemente:

" *Can I make a suggestion?*
¿Puedo hacer una sugerencia?"

" *May I suggest something?*
¿Podría sugerir algo?"

⚠️ *'Can'* y *'may'* **pueden emplearse en forma indistinta para pedir permiso de hacer algo. La única diferencia en este caso es que** *'may'* **es ligeramente más amable.**

Para presentar una idea más elaborada o un proyecto preciso, las siguientes fórmulas son las más comunes:

" *I suggest we arrange another meeting.*
Sugiero que organicemos otra reunión."

" *Perhaps we should make another date.*
Tal vez deberíamos concertar otra cita."

" *Could we have a short lunch break?*
¿Podríamos hacer una pausa para almorzar?"

" *What about (having) a cup of tea?*
¿Y si tomamos una taza de té?"

" *Let's discuss this over a drink.*
Discutámoslo tomando una copa."

Cuando debemos expresarnos de manera más formal o por escrito, el siguiente ejemplo puede ser útil:

" *I should like to suggest an alternative.*
Me gustaría proponer una alternativa."

2. Dar un consejo

Para dar un consejo, a menudo se emplean fórmulas como:

" *Why don't you go to bed early tonight?*
¿No deberías acostarte temprano hoy?"

" *I think you should have a rest.*
Creo que deberías descansar."

" *You'd better take an aspirin.*
Deberías tomar una aspirina."

" *You ought to see a doctor.*
Deberías ver a un médico."

Si debemos mostrarnos más persuasivos, podemos agregar un toque personal:

" *If I were you, I'd go home.*
En tu/su lugar, regresaría a casa."

" *If it were me, I'd take the day off.*
Si fuera yo, no iría a trabajar."

⚠ **En inglés se emplea el subjuntivo pasivo para las propuestas hipotéticas. Corresponde al pretérito simple, excepto por el verbo '*to be*', en cuyo caso se emplea '*were*' en todas las personas, lo cual denota un nivel de lengua elevado. En inglés familiar a menudo se emplea '*was*' aunque no sea estrictamente correcto.**

Para hacer una sugerencia por medio de una tercera persona, podemos basarnos en los siguientes modelos:

" *Tell Laura she should leave home.*
Dile a Laura que debería irse de casa."

" *I think John ought to find another flat.*
Creo que John debería buscar otro departamento."

" *If I were Richard, I'd take the job in Australia.*
Si yo fuera Richard, aceptaría el trabajo en Australia."

" *They'd be better off hiring a car.*
Estarían mejor si alquilaran un auto."

Para dar consejos en una carta profesional:

I am writing to advise you to keep detailed records of your expenses.
Escribo para aconsejarle que lleve un registro detallado de sus gastos.

I should like to take this opportunity of warning you not to invest in Eurowise Offshore Developments.
Me gustaría aprovechar esta oportunidad para advertirle que no invierta en Eurowise Offshore Developments.

In answer to your letter, my advice would be to close the account with Property Plus immediately.
En respuesta a su carta, le aconsejo cerrar su cuenta con Property Plus de inmediato.

---

3. Convencer

Persuadir a alguien

Las expresiones usuales para persuadir a nuestro interlocutor son las siguientes:

" Could you possibly stay a bit longer?
¿No podría quedarse un poco más?"

" Please wait until Simon gets home.
Por favor espere a que Simon regrese (a casa)."

" Do have another drink.
Por favor tome otra copa."

Para insistir podemos basarnos en los siguientes modelos:

" I really wish you'd have supper with us.
En verdad me gustaría que cenaran con nosotros."

" I really want you to promise to come again soon.
De veras quiero que me prometa que volverá pronto."

" I'd love you to meet Mrs Archer.
Me gustaría que conociera a la Sra. Archer."

Las relaciones más convencionales requieren fórmulas más elaboradas:

42

" If only I could persuade you to leave work on time.
Si tan sólo pudiera convencerlo de salir del trabajo a tiempo."

" I wish I could persuade you to take on more staff.
Me gustaría convencerlo de emplear a más personal."

Algunas expresiones están reservadas para una mayor intimidad, como en el ámbito de las relaciones más familiares:

" It'd be great if you'd join us at the barbecue.
Sería estupendo que vinieran a la parrillada."

Las siguientes fórmulas son más comunes entre los más jóvenes:

" It would be really super to go there together.
Estaría súper ir juntos."

" Come on. That'd be really cool!
Vamos. ¡Sería realmente estupendo!"

⚠️ **Pueden emplearse fórmulas como** *'What about...?'* **o** *'Why don't you...?'* **y después precisar de qué se trata utilizando respectivamente el gerundio** *'What about going on holiday together?'* **(*'¿Y si fuéramos de vacaciones juntos?'*) o el infinitivo** *'Why don't you come to Cornwall with us?'* **(*'¿Por qué no vienen a Cornwall con nosotros?'*). En cualquiera de los dos casos, lo más importante es tener una buena entonación para mostrarse persuasivo.**

Responder a una propuesta

Si estamos de acuerdo, podemos decir simplemente:

" *All right then.*
Bueno, de acuerdo."

" *OK, if you insist.*
Bueno, si tú insistes/usted insiste."

" *Well, just this once.*
De acuerdo, pero sólo esta vez."

43

Si no estamos de acuerdo, las posibles respuestas son:

" *Sorry I can't.*
Lo siento, pero no puedo."

" *I'm afraid I can't manage it this time.*
Me temo que esta vez no puedo (hacerlo)."

" *No really, I'd rather not.*
No, en serio, mejor no."

Puede ser que debamos pedir ayuda de un tercero para convencer a alguien:

" *Please ask James to phone me tonight.*
¿Podría pedirle a James que me llame por la noche?"

" I wish you could get Emma to write to me.
*Si tan sólo pudiera usted convencer a Emma de
escribirme.*"

" Try and persuade Susan to get in touch soon.
*Trate de convencer a Susan de comunicarse conmigo
pronto.*"

En una carta puede elegirse de entre estas fórmulas:

I am writing to try to persuade you not to travel to South
America during the winter months.
*Escribo para tratar de disuadirlo de viajar a América del Sur
durante el invierno.*

I hope I shall be able to convince you that the journey
will be difficult and time-consuming.
*Espero poder convencerlo de que el viaje será difícil y tomará
mucho tiempo.*

⚠ **Para traducir la fórmula** *'tratar de'*, **pueden emplearse
indistintamente** *'try to...'* **y** *'try and...'*, **pero por escrito es
preferible utilizar** *'try to...'*.

4. Expresar deseos

Para expresar deseos que difícilmente se cumplirán:

" If only I had a well-paid job.
¡Si tan sólo tuviera un trabajo bien remunerado!"

" I wish I didn't have to work.
¡Desearía no tener que trabajar!"

" I wish it would stop raining.
Ojalá dejara de llover."

44

" *I'd love to win the lottery.*
Desearía ganar la lotería."

" *I wish I knew more people.*
¡Si tan sólo conociera a más gente!"

Para expresar deseos que involucran a otras personas:

" *I hope we meet again.*
Espero que nos volvamos a ver."

" *I wish you wouldn't drive so fast.*
Me gustaría que condujeras más despacio."

" *Wouldn't it be lovely if we could buy a villa in the south of France?*
¿No sería maravilloso comprar una casa en el sur de Francia?"

Cuando lamentamos algo que hicimos con anterioridad:

" *I wish I hadn't eaten so much.*
No debería haber comido tanto."

" *It would have been nice if we could have spoken earlier.*
Hubiera sido bueno comunicarnos antes."

" *I'd like to have visited the museum.*
Me hubiera gustado visitar el museo."

En una carta podemos expresarnos de la siguiente manera:

45

I am writing to say how much I want to lose weight.
Escribo para decir cuánto deseo bajar de peso.

We would like you to realise how anxious we are to complete the project as soon as possible.
Queremos que sepan que en verdad deseamos terminar el proyecto lo antes posible.

5. Confirmar y asegurar

Confirmar

Cuando debemos confirmar algo podemos simplemente utilizar los siguientes ejemplos:

" *Yes, of course.*
Sí, por supuesto."

" *Yes, that's fine.*
Sí, está bien."

" *That's right.*
Está bien."

En una situación más familiar, podemos responder:

" *That's OK.*
Está bien."

" *You've got it.*
Así es."

" *No problem.*
No hay problema."

Asegurar

Según las circunstancias, puede agregarse un detalle tranquilizante:

" *I'll be there.*
Allí estaré."

" *Leave it to me.*
Confía en mí."

" *I'll take care of it.*
Yo me ocupo de eso."

" *That's agreed then.*
Entonces estamos de acuerdo."

Y para tranquilizar a un interlocutor muy inquieto:

" *Don't worry about it.*
No se preocupe."

" *That's no problem.*
No hay problema."

" *I'm very happy about that.*
Me parece perfecto."

Confirmación por escrito

Las siguientes fórmulas son útiles para confirmar algo
por carta:

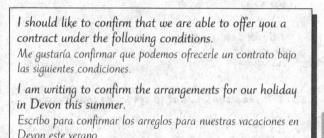

*I should like to confirm that we are able to offer you a
contract under the following conditions.*
Me gustaría confirmar que podemos ofrecerle un contrato bajo
las siguientes condiciones.

*I am writing to confirm the arrangements for our holiday
in Devon this summer.*
Escribo para confirmar los arreglos para nuestras vacaciones en
Devon este verano.

47

Confirmación por e-mail

Para confirmar por e-mail, es preferible utilizar las fórmulas que se utilizan oralmente:

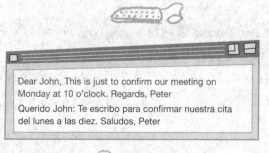

Dear John, This is just to confirm our meeting on
Monday at 10 o'clock. Regards, Peter

Querido John: Te escribo para confirmar nuestra cita
del lunes a las diez. Saludos, Peter

Ponga a prueba sus conocimientos

I. Elija la respuesta correcta:

1. *Perhaps we should ..... another date?*
   (a) *partake*
   (b) *do*
   (c) *make*

2. *I think you ..... have a rest.*
   (a) *should*
   (b) *ought*
   (c) *advise*

3. *Tell Jane she ..... not to spend so much money.*
   (a) *should*
   (b) *must*
   (c) *ought*

II. Ordene las siguientes oraciones:

1. *I'm sorry I can't manage Friday. What about Monday?*
2. *Yes of course. Could we meet here on Friday?*
3. *I suggest we meet next week for further discussions.*
4. *Fine. That's no problem.*

Respuestas:

I. *1c - 2a - 3c* **II.** *3 - 2 - 1 - 4*

Dar una opinión

1. Aceptar y rechazar

Aceptar un regalo o un favor

Cuando nos proponen un regalo o un servicio, las fórmulas usuales para aceptarlo son:

" *Yes please.*
Sí, por favor."

" *Thank you. How nice!*
Gracias. ¡Qué amable!"

" *Thanks, I'm really grateful.*
Gracias, estoy realmente agradecido/agradecida."

" *That's ever so kind of you.*
Es muy amable de su parte."

Para expresarnos de manera más concreta, podemos agregar:

" *I really like carnations.*
Me gustan mucho los claveles."

" *I love liqueur chocolates.*
Me encantan los chocolates con licor."

" *It's kind of you to give me a lift. I hate walking in the rain.*
Es usted muy amable al llevarme. No me gusta caminar bajo la lluvia."

" *I really appreciate your help. My bag's very heavy.*
En verdad agradezco su ayuda. Mi bolsa pesa mucho."

Las situaciones más formales requieren fórmulas como:

" *I accept that you've won the race.*
Reconozco que usted ganó la carrera."

" I accept the challenge to walk across the river at
low tide.
Acepto el reto de atravesar el río con marea baja."

Aceptar hacer un favor

Si alguien nos pide un favor, podemos indicarle que estamos dispuestos a ayudar mediante fórmulas simples:

" Yes of course.
Sí, por supuesto."

" No trouble at all.
No hay problema."

" Yes, I'm very happy to do it.
Sí, lo haré con gusto."

" I'd be delighted to help.
Será un placer ayudar."

Si queremos ser más precisos:

" I don't mind babysitting one bit.
Cuidar niños no me molesta en lo absoluto."

" I'd be pleased to look after your cat.
Será un placer cuidar a su gato."

" I'm very happy to take the dog for a walk.
Es un placer sacar a pasear al perro."

Aceptar por escrito

En una carta puede escribirse:

We are pleased to accept your offer of £400,000 for the
purchase of 16 Petunia Drive.

*Tenemos el placer de aceptar su oferta de 400 000 libras por
la compra de la casa ubicada en Petunia Drive 16.*

Ms K. Bacon is delighted to accept the kind invitation of Mr and Mrs Rogers to the marriage of their daughter Dianne.

La Srita./Sra. K. Bacon tiene el placer de aceptar la invitación del Sr. y la Sra. Rogers a la boda de su hija Dianne.

Rechazar

Las siguientes fórmulas podrán ayudarnos si debemos rechazar una oferta:

" It's very kind of you, but no.
Es muy amable de su parte, pero no."

" No, I'd rather not.
No, preferiría no hacerlo."

" No, it's all right thank you.
No, está bien, gracias."

" No thank you, it's not necessary.
No gracias, no es necesario."

Podemos conformarnos con fórmulas más sencillas, pero también más directas como: 'No thank you' y 'No thanks' ('No, gracias').

Para que nuestro rechazo sea menos brusco, podemos justificarlo con alguna explicación:

" I'm terribly sorry, but I really don't like ginger.
En verdad lo siento, pero no me gusta el jengibre."

" The prawn cocktail looks delicious, but I'm afraid I'm allergic to shellfish.
El coctel de camarones se ve delicioso, pero por desgracia soy alérgico/alérgica a los mariscos."

" I'm very grateful, but my car's parked just round the corner.
Se lo agradezco, pero mi auto está estacionado a la vuelta de la esquina."

Si creemos que podremos aceptar más tarde, podemos agregar expresiones como:

" Not for the moment.
Por ahora no."

" Not just now.
No en este momento."

" No, perhaps later.
No, tal vez más tarde."

" No, perhaps another time.
No, quizás en otra ocasión."

Negarse a cumplir una petición o una solicitud

Si debemos responder en forma negativa a una petición, podemos responder simplemente:

" No, I'm sorry I can't.
Lo siento, pero no puedo."

" Sorry, I can't answer your question.
Lo siento, no puedo responder su pregunta."

" I'm afraid I won't be able to manage that.
Me temo que no podré hacerlo."

Para atenuar nuestro rechazo, conviene justificarlo:

" I really feel I can't take on any more work at present.
En verdad pienso que no puedo aceptar más trabajo en este momento."

" I'm sorry to have to say no, but I've hurt my back.
Siento tener que decir que no, pero me lastimé la espalda."

" *I'm afraid it's just not possible for me to be at the airport by six o'clock.*
Lo siento, pero me resulta imposible llegar al aeropuerto a las seis."

⚠️ **Los británicos tienden a disculparse con mucho mayor frecuencia que los latinoamericanos. Por ello utilizan a menudo las fórmulas 'I'm sorry' y 'I'm afraid', que ciertamente no significa que se tiene miedo.**

Si nos negamos en forma categórica a hacer algo:

" *I refuse to tidy her bedroom.*
Me niego a arreglar su habitación (de ella)."

⚠️ **Note que en inglés las formas 'can' y 'can't' (poder), así como 'will' y 'won't' (querer), van seguidas por el infinitivo. Cuidado, el empleo de 'will not' y de 'won't', también seguidos del infinitivo, pueden expresar ya sea un futuro, ya sea una negación categórica, según el contexto.**

En una carta la fórmula será más elaborada:

I am very grateful to you, but I am afraid I cannot accept your suggestion.
Se lo agradezco mucho, pero no puedo aceptar su sugerencia.

I regret to inform you that I am unable to accept your offer.
Siento informarle que no puedo aceptar su oferta.

OBSERVACIÓN

Note que es mejor evitar el uso de 'no' solo. Desconfíe también de los 'falsos amigos'. Por ejemplo, el letrero 'No refuse' quiere decir 'Prohibido tirar basura' y no indica algún lugar donde todas nuestras peticiones serán satisfechas.

2. Estar de acuerdo y en desacuerdo

En una discusión

⚠️ Para indicar que estamos de acuerdo, podemos utilizar fórmulas sencillas como: *'I agree'* (*'Estoy de acuerdo'*), *'It´s true'* (*'Es verdad'*) o *'Yes, that´s fine'* (*'Sí, está bien'*). Cuidado, el verbo *'to agree'* se traduce como *'estar de acuerdo'*, pero se emplea con la forma *'I agree'* o *'I don´t agree'* (*'No estoy de acuerdo'*).

Para poner énfasis en que estamos de acuerdo:

" *That's quite right. You shouldn't iron all of John's shirts.*
Tiene toda la razón. No debería usted planchar todas las camisas de John."

" *I entirely agree with you. Susan shouldn't expect you to clean her car.*
Estoy completamente de acuerdo con usted. Susan no debería esperar que usted lave su auto."

Acuerdo escrito

En una carta se utiliza un lenguaje más refinado:

I would like to express my agreement with your assessment of the value of my property.

Me gustaría expresar mi conformidad en cuanto a su evaluación sobre el valor de mi propiedad.

We share your opinion concerning the construction of a new motorway.

Compartimos su opinión en cuanto a la idea de construir una nueva autopista.

Expresar desacuerdo

Durante una discusión, las siguientes frases nos permitirán expresar nuestro desacuerdo sin ofender a nuestro interlocutor:

" I agree with you, but I find people much less tolerant these days.

Estoy de acuerdo con usted, pero creo que la gente es mucho menos tolerante en la actualidad."

" You have a point, but I don't think more policemen on the beat will solve the problem.

Tiene usted razón en ese punto, pero no creo que aumentar el número de policías en la calle sea la solución al problema."

" I don't believe that's quite true.

No creo que eso sea enteramente cierto."

⚠️ **El uso de expresiones como 'quite' ('enteramente, completamente') y 'really' ('en realidad, de veras') harán nuestra observación menos brusca. Note que 'quite' y 'really' también pueden significar, respectivamente, 'bastante' y 'realmente', según el contexto.**

En el ámbito de las relaciones familiares basta con decir: *'I don't think so'*, *'I don't agree'* (*'No estoy de acuerdo'*), *'That's not right'* (*'Eso no es correcto'*) o *'It's not true'* (*'Eso no es cierto'*).

Ahora, para insistir en que no estamos de acuerdo:

" *I disagree with you entirely. Teenagers shouldn't be allowed to stay out all night.*
Estoy en completo desacuerdo con usted. A los adolescentes no se les debería permitir pasar fuera toda la noche."

" *That's quite untrue. Many women still receive lower wages than men.*
Eso es enteramente falso. Muchas mujeres aún reciben salarios inferiores a los de los hombres."

" *I beg to differ.*
Permítame disentir."

Para hacer nuestra objeción más personal y menos brusca:

" *I'm afraid I don't agree with Chris. I find most railway staff extremely helpful.*
Lo siento, pero no estoy de acuerdo con Chris. Creo que muchos empleados del ferrocarril son muy serviciales."

" *I'm sorry. I don't accept her assessment of my report.*
Lo siento. No estoy de acuerdo con su evaluación de mi informe."

Desacuerdo escrito

En una carta se utiliza un lenguaje más refinado:

We are sorry to have to disagree with you, but we do not feel the proposed incineration plant poses a threat to public health.
Sentimos no estar de acuerdo con usted, pero no creemos que el proyecto de la planta de incineración constituya una amenaza para la salud pública.

I regret I am unable to share your opinion concerning the play area for children in the park.
Siento no poder compartir su opinión sobre el área de juego para niños en el parque.

3. Oponerse a un interlocutor

Para indicarle a alguien que está equivocado:

" With respect, I think you are mistaken.
Con todo respeto, creo que usted se equivoca."

" If you don't mind my saying so, I think you've got the wrong idea.
Discúlpeme, pero creo que entendió mal."

" I honestly think you're on the wrong track.
Francamente creo que está usted en la senda equivocada."

Para expresar de manera más categórica que el interlocutor no ha comprendido:

" No, you're wrong.
No, usted se equivoca."

" No, you've got it all wrong.
No, no ha entendido nada."

57

You've completely misunderstood the situation.
No ha entendido la situación en lo absoluto."

...til conocer esta expresión idiomática:

" *You've got the wrong end of the stick!*
Entendió todo al revés."

4. Afirmar algo con certeza

Podemos expresar nuestra certeza de manera sencilla:

" *Yes I'm sure.*
Sí, estoy seguro/segura."

" *Yes, I know that's right.*
Sí, sé que está bien."

" *I'm certain about that.*
Estoy seguro/segura de ello."

Para expresar nuestra certeza en contexto:

" *I'm sure I can finish my assignment on time.*
Estoy seguro/segura de poder acabar mi trabajo a tiempo."

" *I am certain that my ancestors were Vikings.*
Estoy seguro/segura de que mis antepasados eran vikingos."

" *I'm convinced that Michelle has not done her homework.*
Estoy convencido/convencida de que Michelle no hizo su tarea/sus deberes."

Hablar en nombre de un tercero puede hacerse en estos términos:

" *John is sure you will book tickets in advance.*
John está seguro de que usted reservará los boletos con anticipación."

" *Mary knows you will wait at the station.*
Mary sabe que usted la esperará en la estación."

" *Alan is certain that his parents will come by car.*
Alan está seguro de que sus padres vendrán en auto."

En una carta

Para convencer a un cliente sobre la calidad del producto o servicio:

> We assure you that all our toys leave the factory in perfect condition.
> Le aseguramos que todos nuestros juguetes salen de la fábrica en perfectas condiciones.
>
> We are certain that you will be completely satisfied with the service at the Posset hotel.
> Estamos seguros de que usted quedará completamente satisfecho con el servicio en el hotel Posset.

Expresar reservas

La incertidumbre puede expresarse de manera sencilla y personal:

> " No, I'm not sure.
> No, no estoy seguro/segura."

> " No, I don't think that's right.
> No, no creo que eso esté bien."

> " I'm not really certain about that.
> En realidad no estoy seguro/segura de ello."

Para explicar la causa de la incertidumbre:

> " I'm not sure I can lose weight in time for the holidays.
> No estoy seguro/segura de perder peso antes de vacaciones."

" *I don't know if I'll be able to unlock the door.*
No sé si podré abrir la puerta (con la llave)."

Para expresar la incertidumbre de otra persona:

" *Jason isn't sure if you'll like his new hairstyle.*
Jason se pregunta si a usted le gustará su nuevo
peinado."

" *Anna isn't certain whether she'll be able to cope*
with the humidity of the rainforests.
Anna no está segura si soportará la humedad del
bosque ecuatorial."

Expresar dudas o incertidumbre por escrito

En una carta o un folleto pueden utilizarse fórmulas
como:

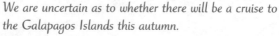

We are uncertain as to whether there will be a cruise to
the Galapagos Islands this autumn.
No estamos seguros de si habrá un crucero a las islas
Galápagos este otoño.

We are unable to inform you at present whether the
Sunday train service to Edinburgh will be in full operation.
Por el momento no podemos informarle si el servicio de tren a
Edimburgo funcionará normalmente el domingo.

⚠ *'Whether'* e *'if'* se traducen como *'si'* en español. *'If'* se
utiliza para expresar una condición. Por ejemplo: *'If you*
want to come with me, hurry up' (*'Si quieres venir conmigo,*
apúrate'). *'Whether'* se utiliza para introducir una alterna-

tiva. Por ejemplo: *'She did not say whether or not she liked it'* (*'No dijo si le gustó o no'*). En el discurso indirecto puede utilizarse cualquiera de los dos, como en *'He asked if/whether I wanted to go swimming'* (*'Me preguntó si quería ir a nadar'*).

Ponga a prueba sus conocimientos

✎ I. Llene los espacios:

1. *I don't .... with you. I find football interesting.*

2. *She doesn't .... David's opinion about politics.*

3. *I'm sorry I .... stay late at work tonight.*

4. *Sandra, you've made a .... Cardiff is in Wales, not in England.*

5. *Are you .... you can finish the report in time?*

6. *We are .... as to whether there will be a flight to Madeira tonight.*

✎ II. Elija la respuesta correcta:

1. ***Skiing in the Alps is wonderful!***
   (a) *I can't do that.*
   (b) *I don't agree.*
   (c) *It's impossible.*

2. ***Would you like a cup of tea?***
   (a) *I really feel I can't take that on.*
   (b) *That's not right.*
   (c) *No, not just now.*

Respuestas:

I. *agree - share - can't/won't - mistake - sure/certain-uncertain/unsure* II. *1b - 2c*

Entablar una conversación
Conversaciones comunes

Temas de conversación

El clima

Este tema puede abordarse mediante una observación general como:

" *It's a lovely day today, isn't it?*
Hace muy buen tiempo hoy, ¿no?"

" *What wonderful weather!*
¡Qué clima tan maravilloso!"

" *Isn't the weather awful!*
¡Hace un tiempo horrible!"

" *What terrible weather we've been having!*
¡Qué clima tan espantoso hemos tenido últimamente!"

" *The weather doesn't get any better, does it?*
No puede decirse que el clima esté mejorando."

Podemos profundizar sobre el mismo tema según el caso:

" *It's so damp everywhere.*
Hay tanta humedad en todos lados."

" *How mild the weather is at the moment.*
Por el momento hace un tiempo verdaderamente apacible."

" *It's so changeable. One minute the sun's shining, the next it's pouring with rain.*
El clima está cambiando mucho. Primero brilla el sol y de pronto comienza a llover a cántaros."

Para pedir información sobre el clima:

" *What's the weather usually like at this time of year?*
¿Por lo general qué tiempo hace en este periodo del año?"

" *Is the weather always like this?*
¿Siempre hace este tiempo?"

" *Is it often foggy?*
¿Hay niebla a menudo?"

Si queremos estar preparados:

" *It looks like rain, doesn't it?*
Parece que va a llover, ¿no?"

" *Do you think we'll have a good summer?*
¿Piensa usted que tendremos un verano agradable?"

" *I wonder if it'll snow this winter.*
Me pregunto si nevará este invierno."

Una conversación sobre el clima podría desarrollarse de la siguiente manera:

Mrs Matthews:	" *It's a dreadful day today, isn't it?*
Mr Peabody:	*Terrible! And it rained all night long!*
Mrs Matthews:	*We've been having some awful weather lately!*
Mr Peabody:	*Let's hope it'll get better soon."*
Mrs Matthews:	" *Hace un tiempo horrible hoy, ¿no?*
Mr Peabody:	*¡Espantoso! ¡Y llovió toda la noche!*
Mrs Matthews:	*¡Hemos tenido un tiempo terrible últimamente!*
Mr Peabody:	*Esperemos que mejore pronto."*

⚠ **Las preguntas breves al final de la frase como *'isn't it?'* o *'does it?'* son *'question tags'* que se traducen como *'¿sí?'*, *'¿no?'* o incluso *'¿no es verdad?'*. En las conversaciones inglesas se utilizan con frecuencia. Su función es pedir una confirmación al interlocutor.**

La salud

Para hablar de la salud en términos generales:

" How are you?
¿Cómo estás/está usted?"

" Have you been keeping well?
¿Has/Ha estado bien?"

" How have you been keeping?
¿Cómo has/ha estado?"

Seguramente recibiremos como respuesta una de las siguientes expresiones:

" Very well, thank you.
Muy bien, gracias."

" I'm fine.
Bien."

" Not too bad, thanks.
Bien, gracias."

" OK/So-so.
Más o menos."

Por nuestra parte, podemos informarnos sobre la salud de nuestro interlocutor agregando:

" What about you?
¿Y tú/usted?"

" And how are you?
¿Y tú/usted cómo estás/está?"

" And yourself?
¿Y tú/usted?"

Si el grado de intimidad lo permite, pueden mencionarse problemas, si se tienen:

" I'm not so good.
No estoy muy bien."

" I'm a bit poorly at the moment.
Mi salud no es muy buena por el momento."

65

" I feel a bit under the weather.
Estoy indispuesto."

Podemos responder a este tipo de confidencias pidiendo detalles:

" I'm sorry to hear that. What's the matter?
Lo siento. ¿Cuál es el problema?"

He aquí los problemas de salud benignos más comunes que pueden mencionarse:

" I've got a heavy cold.
Tengo un catarro espantoso."

" My throat's terribly sore.
Me duele mucho la garganta."

" I've had this pain in my right leg for several weeks.
Me duele la pierna derecha desde hace varias semanas."

" I've been getting these awful headaches.
He tenido terribles dolores de cabeza últimamente."

⚠ **'Doler' se traduce de diferentes maneras en inglés según se trate de un dolor o herida superficial, 'sore', de un dolor localizado, 'pain', o de un dolor más difuso que puede ser de larga duración, 'ache'.**

O también:

" I feel depressed.
Estoy deprimido/deprimida."

" I'm rather stressed at the moment.
Por el momento estoy muy estresado/estresada."

" I've got no energy.
No tengo energía."

El problema puede tener una causa precisa:

" I've just stopped smoking.
Acabo de dejar de fumar./Recién dejé de fumar."

" I've got to lose weight, so I've had to cut down on (eating) fat.
Como tengo que bajar de peso, debo comer menos grasas."

" I've had to give up (drinking) alcohol.
Ya no puedo beber alcohol."

" I'm on a diet.
Estoy a dieta."

⚠ **Los verbos compuestos son muy comunes en inglés. Se componen de una base verbal seguida por una o varias partículas que determinan el sentido del verbo. Así, 'to give' significa 'dar', pero 'to give up' quiere decir 'dejar de' o 'abandonar'. 'To cut' significa 'cortar', pero 'to cut down' quiere decir 'disminuir' o 'limitar'.**

Informarse acerca de un tercero:

" What about your mother?
¿Y tu/su madre?"

" How's your sister?
¿Cómo está tu/su hermana?"

" Are your parents feeling better now?
¿Ya se sienten mejor tus/sus padres?"

Tal vez lleguemos a escuchar un diálogo como el siguiente:

Miss Green:	" How are you?
Mrs Robinson:	Well, not so bad, I suppose. It's just that...
Miss Green:	What's the matter?
Mrs Robinson:	I've had a nasty virus, a kind of flu.
Miss Green:	I am sorry. I hope you feel better soon."

Miss Green:	" *¿Cómo le va?*
Mrs Robinson:	*Bueno, supongo que bien. Sólo que...*
Miss Green:	*¿Algo anda mal?*

| Mrs Robinson: | *Acabo de tener un virus horrible, una especie de gripe.* |
| Miss Green: | *Lo siento mucho. Espero que se recupere pronto."* |

⚠ **Note que 'well' puede utilizarse de varias maneras. 'I'm well' indica que todo está bien, que estamos bien de salud. Por el contrario, 'well' al inicio de una frase puede significar que titubeamos o bien que buscamos ganar tiempo, lo cual corresponde en español a 'Bueno'. Esta expresión también puede indicar que las cosas podrían estar mejor.**

Las vacaciones y los viajes

Una conversación sobre este tema puede iniciarse de la siguiente manera:

" *Have you been away recently?*
¿Ha salido usted de viaje últimamente?"

" *Have you been on holiday yet this year?*
¿Ya salió usted de vacaciones este año?"

" *Do you like going abroad?*
¿Le gusta viajar al extranjero?"

" *Do you enjoy travelling?*
¿Le gusta viajar?"

Las respuestas variarán de acuerdo con la pregunta:

" *I've been to Scotland on business.*
Hice un viaje de negocios/de trabajo a Escocia."

" *We're going to the Lake District in July.*
Iremos a la región de los Lagos en julio."

" *Yes, we love camping in Tuscany.*
Sí, nos encanta acampar en Toscana."

" *On the whole, yes, but I don't like flying.*
En general sí, pero no me gusta volar en avión."

Podemos informarnos acerca del desarrollo de un viaje utilizando las siguientes expresiones:

" *Did you have a good journey?*
¿Tuvo usted un buen viaje?"

" *Did you have a good time?*
¿Le fue bien?"

" *Did everything go according to plan?*
¿Todo salió de acuerdo con los planes?"

Y para responder:

" *It was fine. Everything went smoothly.*
Me fue muy bien. Todo salió bien."

" *It was awful. Everything went badly.*
Fue horrible. Todo salió mal."

Una conversación típica sobre este tema podría desarrollarse como sigue:

Tim:	" *Have you been away recently?*
Lynne:	*Yes. I've been to Japan on business.*
Tim:	*What was the trip like?*
Lynne:	*The flight was on time and the hotel accommodation excellent.*
Tim:	*What about the food?*
Lynne:	*I was disappointed. I can't stand fish, especially raw fish.*
Tim:	*What a pity!* "

69

Tim:	" *¿Ha viajado usted últimamente?*
Lynne:	*Sí, fui a Japón por el trabajo.*
Tim:	*¿Cómo estuvo el viaje?*
Lynne:	*El vuelo llegó a tiempo y la habitación del hotel estuvo excelente.*
Tim:	*¿Y la comida?*
Lynne:	*Me decepcionó. No soporto el pescado, sobre todo el pescado crudo.*
Tim:	*¡Qué lástima!* "

El entretenimiento

Una conversación sobre este tema puede comenzarse preguntando:

" *What do you like doing in your spare time?*
¿Qué le gusta hacer en su tiempo libre?"

" *What are you interested in?*
¿En qué se interesa usted?"

" *Do you like sport?*
¿Le gusta el deporte?"

Las siguientes respuestas son las más comunes:

" *I like going to the cinema.*
Me gusta ir al cine."

" *I'm fond of (listening to) music.*
Me gusta escuchar música."

" *I'm interested in American literature.*
Me interesa la literatura estadounidense."

" *I don't like sport much, but I enjoy playing golf.*
No me gusta mucho el deporte, pero me gusta jugar golf."

La conversación puede mantenerse con observaciones como:

" *That's nice.*
Qué bien."

" *That must be fun/tiring.*
Debe ser divertido/cansado."

" *What an interesting hobby!*
¡Qué pasatiempo tan interesante!"

" *I'm sure you find that most enjoyable.*
Seguro que eso le encanta."

Puede ser que escuchemos un diálogo de este tipo:

Margaret: " *What do you do in your spare time?*

Jenny:	Oh, I work out at the gym.
Margaret:	That must be hard work, but quite exhilarating. Do you have any other interests?
Jenny:	Yes. I go birdwatching and collect old dolls.
Margaret:	Really? That's nice. What kind?
Jenny:	Dolls in national costume from all over the world.
Margaret:	How interesting!"

Margaret:	" ¿Qué hace usted en su tiempo libre?
Jenny:	Ah, voy al gimnasio a hacer ejercicio.
Margaret:	Debe ser duro, pero muy estimulante. ¿Tiene otros pasatiempos?
Jenny:	Sí, observo pájaros y colecciono muñecas antiguas.
Margaret:	¿En serio? Qué bien. ¿De qué tipo?
Jenny:	Muñecas con trajes nacionales de todas partes del mundo.
Margaret:	¡Qué interesante!"

⚠ **En inglés existen numerosas maneras de expresar que nos gusta hacer algo. La fórmula más común es, por supuesto, *'I like'*, pero podemos variarla diciendo *'I enjoy'* o *'I'm fond of'*. En cualquier caso, es necesario utilizar la construcción verbo + *'ing'*. Note también que estas expresiones pueden ir seguidas por un sustantivo. Pero cuidado, no puede utilizarse *'I enjoy'* para hablar de una persona que nos agrada. Puede decirse *'I like/I'm fond of Peter'* (*'Me agrada Peter'*), pero *'I enjoy Peter's company'* (*'Me gusta estar con Peter'*).**

71

La actualidad

Sin duda es preferible plantear preguntas neutrales antes de dar nuestra opinión:

" What do you think of the Prime Minister?
¿Qué piensa del Primer Ministro?"

" How do you feel about the new law on genetically
modified organisms?
*¿Qué piensa de la nueva ley sobre organismos
modificados genéticamente?"*

" What's your opinion on the fashion industry
today?
*¿Cuál es su opinión sobre la industria de la moda en
la actualidad?"*

" Are you for or against the European single
currency?
*¿Está usted en contra o a favor de la moneda única
europea?"*

También podemos abordar el tema en forma menos directa:

" I'd be interested to know what you think about
trade agreements.
*Me gustaría saber lo que piensa sobre los acuerdos
comerciales."*

" I'd like to hear your views on the Health Service.
*Me gustaría conocer su opinión sobre la seguridad
social."*

" I've been wondering if you have any strong
feelings about the Royal Family.
*Me pregunto si usted tiene sentimientos profundos
respecto de la familia real."*

Las respuestas inician a menudo con *'I think'* o alguna
expresión equivalente para destacar lo que pensamos:

" I think he's fantastic.
Creo que es fantástico."

" Actually, she's doing quite a good job.
En realidad, está haciendo un buen trabajo."

" I find it incredible.
Lo encuentro increíble."

" In my opinion, it's an absolute disgrace.
En mi opinión, es una desgracia absoluta."

" As far as I'm concerned, it's too bureaucratic.
En lo que a mí respecta, es demasiado papeleo."

⚠ Cuidado con el falso amigo *'actually'*, que significa *'a decir verdad'*, *'de hecho'* o *'realmente'* y no *'actualmente'* o *'en la actualidad'*. Estas últimas expresiones se traducirían sobre todo como *'currently'* o *'at present'*.

Tal vez queramos mostrar cierta prudencia en nuestra opinión:

" On balance, I think it's a good idea.
Considerando las circunstancias, creo que es una buena idea."

" On the whole I think it's an efficient scheme.
En general, creo que es un plan/proyecto/sistema eficaz."

" I don't know really. It seems rather complicated.
En realidad no sé. Me parece muy complicado."

" I'm not sure. There are pros and cons.
No estoy seguro/segura. Hay ventajas y desventajas."

Si buscamos que nuestro interlocutor esté de acuerdo:

" That programme was most stimulating, wasn't it?
Ese programa fue muy enriquecedor, ¿no?"

" They've made a real mess of Public Transport, haven't they?
El transporte público se ha vuelto un verdadero caos, ¿no lo cree usted?"

" Last night's game was really terrific, wasn't it?
El juego de anoche fue estupendo, ¿no?"

⚠ Para expresar un sujeto indeterminado puede utilizarse *'one'*, pero el empleo de *'they'* o de *'you'* es más generalizado.

En ocasiones escucharemos discusiones como ésta:

Mr White: " What do you think of the latest chat show on BATV?

Mr Hawkins: You mean 'Free for all,' on Sunday evenings at eight?

Mr White: Yes, that's right.

Mr Hawkins: Well, not much. The host is extremely aggressive.

Mr White: I think it's an awful programme. Last time I turned it off halfway through.

Mr Hawkins: So did I."

Mr White: " ¿Qué opina usted del último debate televisado en BATV?

Mr Hawkins: ¿Se refiere a 'Todo se vale' el domingo a las ocho de la noche?

Mr White: Sí, así es.

Mr Hawkins: Bueno, no es gran cosa. El presentador es extremadamente agresivo.

Mr White: Pienso que es un programa terrible. La última vez apagué la televisión a la mitad.

Mr Hawkins: Yo también."

OBSERVACIÓN

El clima es uno de los temas de conversación más populares en Inglaterra. Nos permite hablar con alguien sin arriesgarnos. Es un tema ideal para comenzar una conversación porque no genera muchos desacuerdos. Por regla general, es preferible evitar los temas sensibles como la religión y la política.

Ponga a prueba sus conocimientos

✎ I. Elija la respuesta correcta:

1. *What's the weather like in Britain?*
   (a) *It's like nothing on earth.*
   (b) *It's changeable, but quite mild.*
   (c) *It likes plenty of rain and a lot of sunshine.*

2. *How are you?*
   (a) *I'm tall and slim.*
   (b) *I'm quite a sociable person.*
   (c) *I'm fine, thanks.*

3. *Have you been on holiday yet?*
   (a) *No. We're planning to stay in a villa in Italy.*
   (b) *No. I don't like going abroad.*
   (c) *Yes. I had a business trip to Singapore.*

4. *I'd like to hear your views on organic farming.*
   (a) *It's a beautiful view from the bedroom.*
   (b) *On balance, I think it's a good idea.*
   (c) *I don't share your opinion.*

✎ II. Complete las siguientes oraciones:

1. *What do you .... of the euro?*

2. *I go to a yoga class once a week and I ....
   stamps.*

3. *I enjoy .... It's easy for me as I live close
   to an Olympic pool.*

4. *What was your journey ....? I hate going by
   bus.*

Respuestas:

I. *1b - 2c - 3a - 4b* **II.** *think - collect - swimming - like*

1. Relaciones profesionales

Entrevista profesional

Al llegar a una cita profesional, podemos expresar la razón de nuestra visita de la siguiente manera:

" *I'm Paul Darcy, from Sedco Engineering. I'm here to see Robert Browning from the Production Department.*
Soy Paul Darcy, de Sedco Engineering. Vengo a ver a Robert Browning del departamento de producción."

" *My name is Sophie Romano. I've got an interview with Mr James Barrett.*
Me llamo Sophie Romano. Tengo una entrevista con el Sr. James Barrett."

" *My name's Stanhope, Paul Stanhope. I represent the European Environmental Commission.*
Mrs Elizabeth Sanders is expecting me.
Mi nombre es Paul Stanhope. Represento a la Comisión Europea del Medio Ambiente. Tengo una cita con la Sra. Elizabeth Sanders."

" *I've got an appointment with the Head of Sales at 10.30. Could you tell her Sarah Pike has arrived?*
Tengo una cita con el jefe de ventas a las diez y media. ¿Podría decirle que llegó Sarah Pike?"

Para hablar de nuestra experiencia, podemos utilizar los siguientes modelos:

" *I worked for Marvel Communications for 5 years.*
Trabajé para Marvel Communications durante 5 años."

" *I designed all the software for the traffic flow system in Mexico City.*
Diseñé todos los programas para el sistema de circulación en la Ciudad de México."

" *While I was working as a receptionist for Styleglam International, I gained a great deal of experience in dealing with customers.* ·
Cuando trabajaba como recepcionista para Styleglam International, adquirí una gran experiencia para tratar con los clientes."

Y para precisar nuestra actividad actual:

" *I am employed by Market Plus to carry out surveys of retail prices.*
Trabajo para Market Plus haciendo encuestas sobre precios al menudeo."

" *At present I am in charge of Customer Services.*
Por el momento estoy a cargo del servicio a clientes."

" *In my present post I am assistant to the Managing Director.*
Por el momento trabajo como asistente del Gerente General."

" *I was recently promoted to the position of Head of Section.*
Recientemente fui promovido al puesto de jefe de sección."

Tal vez debamos describir nuestra experiencia anterior:

" *While I was working at Laptop Services, I did a course in computing.*
Mientras trabajaba en Laptop Services tomé un curso de informática."

" *I was given training in Health and Safety at Work.*
Recibí formación en higiene y seguridad en el trabajo."

Igualmente tendremos que hablar de nuestros estudios:

" *I studied engineering in Oxford.*
Estudié ingeniería en Oxford."

" *I spent a year studying Italian at Bologna University.*
Estudié italiano durante un año en la universidad de Bolonia."

" I followed a sandwich course.
Tomé un curso de formación de medio tiempo."

" I got my BSc. from Lancaster University.
Obtuve mi licenciatura en ciencias en la universidad de Lancaster."

2. Pedir empleo por correspondencia

Carta para solicitar empleo

Si debemos solicitar empleo por escrito, podemos ofrecer datos como:

I have a degree in English. Last year I qualified as a librarian from the Grande Ecole for archivists and librarians.
Tengo una licenciatura en inglés. El año pasado obtuve el diploma de bibliotecario de la Escuela nacional de archiveros y bibliotecarios.

Since then I have been working for the American library in Paris.
Desde entonces trabajo en la biblioteca estadounidense en París.

I have been working for Larousse for three months.
Trabajo para Larousse desde hace tres meses.

I have a good working knowledge of word processing and spreadsheets and enjoy being a team player.
Tengo una buena experiencia práctica en procesadores de texto y hojas de cálculo y me gusta trabajar en equipo.

79

I speak English fluently and have a good command of French.

Hablo inglés de manera fluida y domino el francés.

I have a basic knowledge of German.

Tengo nociones básicas de alemán.

Para explicar nuestras motivaciones:

I would now like to broaden my experience by working for an international company based in Britain.

Ahora me gustaría ampliar mi experiencia trabajando para una compañía internacional con sede en Gran Bretaña.

I decided to apply for the advertised post because I want to work abroad.

Decidí solicitar el puesto anunciado porque quiero trabajar en el extranjero.

En caso de que debamos agregar un documento importante a nuestra correspondencia, podemos utilizar fórmulas de este tipo:

Please find enclosed a copy of my CV for your consideration.

Incluyo una copia de mi curriculum para su consideración.

I am taking the liberty of sending you a reference from my last employer.

Me permito enviarle una carta de recomendación de mi último empleador.

⚠️ *'Desde hace'* se traduce como *'for'* o *'since'* en inglés. *'For'* se emplea para precisar la duración de una acción, mientras que *'since'* va seguido por un momento preciso en el tiempo. Compare: *'I´ve been working for three months'* (*'Trabajo desde hace tres meses'*, que expresa una duración) y *'I´ve been working since 1999'* (*'Trabajo desde 1999'*, que ofrece una fecha precisa). También note que si la acción continúa en el momento en que se habla, mientras que en español se utiliza el presente, en inglés debe emplearse el *'present perfect'*, es decir *'to have'* en presente + el participio pasivo del verbo, o bien, para poner énfasis en la continuidad, el *'present perfect progressif'*, es decir *'has/have been'* + la forma verbal terminada en *'-ing'*. Si la acción ya ha concluido, el verbo va en pretérito y *'for'* se traduce como *'durante'*: *'I worked for BT for two years'* (*'Trabajé para BT durante dos años'*).

Solicitar un empleo en Internet

Emplear una fórmula corta permite ir directamente al punto:

Angelcare Recruitment Agency - I saw your ad in the local paper and wondered if you had any part-time vacancies. I'm 22 years old and have enrolled in an art course at Brighton College. I need a job to finance my studies. Kindly e-mail me if you have anything suitable.

Angelcare Recruitment Agency – Vi su anuncio en el periódico local y quisiera saber si tienen empleos de medio tiempo. Tengo 22 años y estudio arte en el Brighton College. Necesito un empleo para pagar mis estudios. Por favor envíenme un e-mail si tienen algo adecuado.

3. Hablar de nosotros en el ámbito amistoso

En una familia

Cuando visitamos a personas conocidas o recibimos visitantes que ya hemos visto:

" Hallo everyone! How are you all?
Hola a todos. ¿Cómo están?"

" Good to see you, Joyce.
Me da gusto verte/verla, Joyce."

" It's great to see you again, Ed.
Me da mucho gusto verte/verlo de nuevo, Ed."

Si se trata de la primera visita:

" Hallo! You must be Susan.
¡Hola! Usted debe ser Susan."

" How nice to meet you, Jan.
Encantado/Encantada de conocerlo, Jan."

" I'm Julie and this is my husband Martin.
Yo soy Julie y éste es mi esposo Martin."

A continuación se hablará del viaje:

" Did you have a good trip?
¿Tuvieron un buen viaje?"

" How was the journey?
¿Cómo estuvo el viaje?"

Las posibles respuestas serán:

" Excellent, thanks.
Excelente, gracias."

" It was fine.
Estuvo bien."

" Not too bad.
No estuvo mal."

" No problems, luckily.
Sin problemas, por fortuna."

Si el viaje no fue muy bueno:

" We were delayed.
Se nos hizo tarde."

" The flight was late.
El vuelo llegó tarde."

" We couldn't find our tickets.
Perdimos los boletos."

" There were a lot of traffic jams.
Hubo muchos embotellamientos."

" The car broke down.
El auto se descompuso."

" Nadine felt ill. She had tummy ache.
Nadine se sentía mal. Le dolía el estómago."

He aquí diversas fórmulas para asegurarnos de que nuestros invitados están bien:

" Do you need anything?
¿Necesitan algo?"

" Is there anything you want?
¿Desean algo?"

" Can I possibly have a towel?
¿Podrías/Podría traerme una servilleta?"

" Could I use the bathroom please?
¿Podría utilizar el baño, por favor?"

" May I have a drink?
¿Podría beber algo?"

En caso contrario, puede responderse:

" No thank you. That's fine.
No gracias. Estoy bien."

" Not for the moment thanks.
Por el momento no, gracias."

83

Podemos mostrar un interés más preciso por la vida de nuestros invitados preguntándoles sobre su lugar de residencia habitual:

" *Do you live in a house or in flat?*
¿Viven en casa o en departamento?"

" *Are you far from the town centre?*
¿Viven lejos del centro?"

" *What's your house like?*
¿Cómo es su casa?"

" *Have you got a garden?*
¿Tienen jardín?"

Algunas posibles respuestas:

" *Actually, we live in a flat.*
De hecho, vivimos en departamento."

" *We're five minutes away from the town centre/station.*
Vivimos a cinco minutos del centro/de la estación."

" *It's fairly new/old.*
El departamento/La casa es relativamente nuevo/nueva, viejo/vieja."

" *It's about the same size as yours.*
Es más o menos del mismo tamaño que el suyo/la suya."

" *We've got four bedrooms.*
Tenemos cuatro habitaciones."

" *Our garden is smaller.*
Nuestro jardín es más pequeño."

También puede hablarse de las mascotas:

84

" *We've got a cat and two budgies.*
Tenemos un gato y dos pericos."

" *My son keeps rabbits.*
Mi hijo tiene conejos."

" *We haven't got any pets.*
No tenemos mascotas."

Para hablar de la profesión de cada quien, las preguntas
más usuales son:

" *What do you do for a living?*
¿A qué se dedica?"

" *What's your job?*
¿En qué trabaja?"

" *Where do you work?*
¿Dónde trabaja?"

Las respuestas pueden ser:

" *I'm an architect.*
Soy arquitecto."

" *I work in the construction industry.*
Trabajo en la industria de la construcción."

" *I'm in computing.*
Trabajo en informática."

" *I've got a job in retailing.*
Estoy empleado en la venta al menudeo."

Sin duda querremos hablar de los demás miembros de la
familia:

" *We have three children: two sons and a daughter.*
Tenemos tres hijos: dos niños y una niña."

" *Our elder son is married and we have two
grandchildren.*
Nuestro hijo mayor es casado y tenemos dos nietos."

" *My mother-in-law works for an English bank.*
Mi suegra trabaja para un banco inglés."

" *My daughter works abroad at the moment. She lives
in Spain.*
*Por ahora mi hija trabaja en el extranjero. Vive en
España.*"

" *Both the children are at uni.*
Nuestros dos hijos estudian en la universidad."

4. Establecer un contacto amistoso por escrito

Convenios culturales

Si nuestra ciudad tiene un convenio cultural con alguna ciudad inglesa, podríamos enviar un e-mail de este tipo:

Dear Dave and Jenny,

We were very pleased to receive your letter telling us about your family and giving details of your e-mail address. It's so much quicker than a letter, isn't it?

Now it's my turn to tell you about our family. Juan and I have twin daughters of eleven. They have just started secondary school and are both good at sport. Jean works in the family wine-making business and I help my sister-in-law in her flower shop. We live in an old farmhouse with my parents-in-law.

We are really looking forward to our visit to England next week and to meeting your family.

Best wishes,

Mariana

Queridos Dave y Jenny,

Nos dio mucho gusto recibir la carta en que nos hablan de su familia y nos dan su correo electrónico. Es mucho más rápido que una carta, ¿verdad?

Ahora me toca a mí hablarles de mi familia. Juan y yo tenemos unas gemelas de once años. Acaban de comenzar la escuela secundaria y ambas son buenas para los deportes. Juan trabaja en el negocio vinícola de la familia y yo ayudo a mi cuñada en su florería. Vivimos en una vieja granja con mis suegros.

Esperamos ansiosamente nuestra visita a Inglaterra la próxima semana y nuestro encuentro con su familia.

Saludos,
Mariana

Carta a un corresponsal

Podemos presentarnos de la siguiente manera:

" *My name is Claudio.*
Me llamo Claudio."

" *I am fifteen years old.*
Tengo quince años."

" *I have an older brother, Simón, and a sister called Ana.*
Tengo un hermano mayor, Simón, y una hermana que se llama Ana."

" *We've got a sheep dog called Zulu.*
Tenemos un perro ovejero que se llama Zulu."

Podemos continuar hablando de nuestro lugar de residencia:

" *I live in a small village near Lima with my parents and grandparents.*
Vivo en un pueblito cerca de Lima con mis padres y abuelos."

87

Finalmente, podemos describir nuestra apariencia física:

" *I am tall and slim.*
Soy alto y delgado."

" *I have blue eyes.*
Tengo ojos azules."

" *I've got red hair and freckles.*
Soy pelirrojo y tengo pecas."

" *I've got glasses, but I hate them and will soon be wearing contact lenses.*
Uso anteojos, pero los detesto y dentro de poco usaré lentes de contacto."

Después podemos hablar de la profesión u ocupación de los demás miembros de la familia:

" *My sister is in Year 13. She's going to take her A levels.*
Mi hermana está por terminar el bachillerato y hacer sus exámenes."

" *My father is self-employed. He owns a small factory in Nottingham.*
Mi padre trabaja por su cuenta. Tiene una pequeña fábrica en Nottingham."

" *My mother is a physio. She works in a local hospital.*
Mi madre es fisioterapeuta. Trabaja en un hospital local."

" *My brother is nineteen. At the moment he works as a garage mechanic.*
Mi hermano tiene diecinueve años. Por el momento trabaja como mecánico en un taller."

88

⚠ **En Inglaterra las clases de secundaria comienzan con el '*Year 7*' y continúan hasta el '*Year 13*'. Los exámenes de 'A' o '*Advanced Level*' se hacen al terminar el bachillerato. Para hablar del oficio o la profesión de una persona, es necesario utilizar el artículo indefinido '*a/an*': '*She is a physio*', '*I´m an architect*'.**

Establecer una relación amistosa implicará ciertamente hablar de nuestros pasatiempos favoritos:

" *I don't like going to museums.*
No me gusta ir a museos."

" *Clubs and discos are cool.*
Me gustan los clubes y las discotecas."

" *I've got lots of CDs and DVDs.*
Tengo muchos CDs y DVDs."

" *I love the music of 'Sirens'.*
Me encanta la música de 'Sirens'."

" *I think PIP is a fantastic group.*
Pienso que PIP es un grupo estupendo."

Un e-mail será breve y tendrá un estilo más suelto:

Hi Steve!
I'm Daniel. I'm sixteen and live with my family in Buenos Aires. I'm an only child and we live in an old district. My Mum's an accountant and my Dad's a free-lance photographer. That's why we're here in Argentina. I like volley ball. I love going to the cinema too. How about you? It's great being in a big city. Write and tell me about yourself. Best wishes
Daniel

Hola Steve:
Soy Daniel. Tengo dieciséis años y vivo con mi familia en Buenos Aires. Soy hijo único y vivo en un departamento en un barrio viejo. Mi madre es contadora y mi padre es fotógrafo independiente. Por eso estamos en Argentina. Me gusta el voleibol. También me encanta ir al cine. ¿Y a ti? ¡Es estupendo estar en una ciudad grande!
Escríbeme y cuéntame de ti.
Daniel

Ponga a prueba sus conocimientos

I. Llene los espacios:

1. I've got an .... with Mr Bush for the post of Project Manager.

2. In my last job I was .... for Customer Sales Services.

3. While I was working for Nautisails, I did a .... in sail making.

4. I .... Geology at York University.

5. I .... a year learning Spanish in Madrid.

II. Elija la respuesta correcta:

1. **Have you got any brothers and sisters?**
   (a) No fear.
   (b) Yes, I'm an only child.
   (c) Just a younger sister, Tracey.

2. **How was the journey? It's usually terrible.**
   (a) I don't know.
   (b) It was fine, thanks. No problems.
   (c) Well it was a beautiful day.

3. **Do you need anything?**
   (a) No, I'm not.
   (b) No, you needn't.
   (c) Not for the moment, thank you.

Respuestas:

I. interview - responsible - course - studied/did - spent/had

II. 1c - 2b - 3c

El teléfono y la Internet

1. El teléfono

Las llamadas amistosas

Cuando llamamos a un amigo o a un miembro de la familia, podemos utilizar las siguientes fórmulas para establecer el contacto:

" *Hallo Rachel, Julien Thomas here. I'm afraid I'm going to be late. The train's been delayed.*
Hola Rachel, soy Julien Thomas. Por desgracia voy a llegar tarde. El tren se retrasó."

" *Hallo Jemma, I'm just leaving Heathrow. I'll be back about six. OK?*
Hola Jemma, estoy saliendo de Heathrow en este momento. Regresaré hacia las seis, ¿de acuerdo?"

" *Hi James, I'm back earlier than expected. See you in about half an hour.*
Hola James, regresé antes de lo previsto. Te veo en una media hora."

Si debemos pedir algún dato preciso:

" *Hallo Angela, it's Dominique. Where are you?*
Hola Angela, soy Dominique. ¿Dónde estás?"

" *Hi Steve, it's Pete. Did you get my message?*
Hola Steve, soy Pete. ¿Recibiste mi mensaje?"

" *Hi Dave, it's John again. I'm outside the station. Will you be long?*
Hola Dave, soy John de nuevo. Estoy afuera de la estación. ¿Vas a tardar mucho?"

Después de la respuesta puede agregarse:

" *I'll be as quick as I can.*
Llegaré tan pronto como pueda."

" *See you shortly, all right?*
Te veo pronto, ¿de acuerdo?"

" *I'll ring again in ten minutes' time.*
Te vuelvo a llamar en diez minutos."

" *I'll go on without you.*
Voy sin ti."

En un ámbito más formal:

" *Good morning. Is that Shelley Mitford? It's Damon Field calling.*
Buenos días. ¿Es Shelly Mitford? Llama Damon Field."

" *Good afternoon. This is Sandra Digbury from Helman Happy Homes.*
Buenas tardes. Soy Sandra Digbury de Helman Happy Homes."

Después de establecer o no el contacto con nuestro corresponsal:

" *I'm looking forward to meeting you.*
Espero ansiosamente conocerlo."

" *I hope to see you soon.*
Espero verlo pronto."

" *I'll get in touch later today.*
Lo llamaré más tarde hoy."

" *Sorry I missed Tom. Can I leave a message for him?*
Siento no haber encontrado a Tom. ¿Puedo dejarle un mensaje?"

En ocasiones nos las veremos con contestadores y mensajes como éstos:

" *You have reached the mobile number of Laura James. The person you have called is not answering*

at present. If you wish to leave a message, please speak after the tone. Thank you for calling Two by Two.
Éste es el número de celular de Laura James. La persona a quien llama no responde por el momento. Si desea dejar un mensaje, por favor hágalo después de la señal. Gracias por llamar a Two by Two."

" This is the mobile messaging service of Indigo. Richard Stubbs is not available to take your call at the moment. Please try later or leave a message after the tone.
Éste es el servicio de mensajes de voz de Indigo. Por el momento Richard Stubbs no puede responder su llamada. Por favor llame más tarde o deje un mensaje después de la señal."

Como respuesta, podemos grabar diferentes tipos de mensajes:

" Hallo. This is Andrew Taylor calling. It's 9.30 on Monday morning. I'll ring back later.
Hola. Soy Andrew Taylor. Son las nueve y media de la mañana del lunes. Llamo más tarde."

" Hallo Jane, it's Nathalie. Sorry I missed you. Speak to you soon.
Hola Jane, soy Nathalie. Siento no haberte encontrado. Te llamo pronto."

" Richard, it's Alan. Sorry I couldn't get hold of you earlier. I'll be in touch. Cheers.
Richard, soy Alan. Siento no haber podido llamar antes. Te llamo después. Saludos."

No hay que olvidar precisar si queremos que nos llamen:

" Please would you ring me back? My number is 33903561.
¿Podría llamarme, por favor? Mi número es 33 90 35 61."

" Can you give me a call sometime?
¿Podría llamarme uno de estos días?"

Los mensajes de texto

Los jóvenes de entre 15 y 20 años prefieren utilizar un mensaje de texto, que es muy popular y más barato:

Hi Dad great about job, XXX Ann
Hola papá buenas noticias sobre trabajo, besos Ann

Guess what? I passed. Luv Jo
Adivina. Aprobé/Salvé. Besos Jo

Happy b'day. LOL Sue
Feliz cumpleaños. Muchos besos Sue

Los mensajes de texto también pueden utilizarse para fijar una cita:

CU 2nite. Jim's 7ish. Ang
Nos vemos en la noche con Jim a las 7. Ang

CU 2mrw 11am. Outside pool. Roy
Te veo a las 11 am afuera de la piscina. Roy

Must CU. When? Jake
Debo verte. ¿Cuándo? Jake

Mon eve OK? XXX Al
Lunes por la tarde ¿sí? Besos Al

⚠ **Algunas letras del alfabeto y algunas cifras se utilizan mucho en los mensajes de texto, en particular: U (*'you'*), R (*'are'*), C (*'see', 'sea'*), 2 (*'to, two, too'*) y 4 (*'for','four'*).**

También se usan numerosas abreviaturas, como los días de la semana, por ejemplo: *'Mon'*, *'Tues'*, *'Wed'*, *'Thur'*, *'Fri'*, *'Sat'* y *'Sun'* o la expresión *'a.s.a.p.'*, es decir *'as soon as possible'*, que se traduce en español como *'tan pronto como sea posible'*. Al final de un mensaje se escribe *'Luv'* para *'Love'*, *'LOL'* para *'Lots of love'*, *'XXX'* para *'Kisses'*, que significa *'Te mando un abrazo/Besos'*.

El teléfono fijo

Se emplean las mismas fórmulas que para el celular, sólo que tendremos la posibilidad de tomarnos nuestro tiempo:

" *Hallo Thelma, it's Grace speaking. How are you all?*
Hola Thelma, soy Grace. ¿Cómo están todos?"

" *Hi Suzanne, it's Mary here. I'm just ringing up about the arrangements for tomorrow.*
Hola Suzanne, soy Mary. Te llamo sólo para saber de los preparativos para mañana."

También en este caso, podrá respondernos un contestador con mensajes muy parecidos a los que pueden escucharse en un teléfono celular:

" *Sorry, we're unable to answer your call at the moment. You can either leave a message or your name and number or call again later. Thank you.*
Lo sentimos, por el momento no podemos responder su llamada. Puede dejar un mensaje o su nombre y número telefónico o llamar más tarde. Gracias."

" *Tony Lightfoot is not available at present. Please leave your name and number and he'll call you back.*
Por el momento Tony Lightfoot no puede responder su llamada. Por favor deje su nombre y número telefónico para que él se comunique."

Si queremos que nos devuelvan la llamada, podemos dejar mensajes como:

" *I'd like to make an appointment to see the dentist. It's Penny Worth speaking. My number is 0198 446579.*
Quisiera hacer una cita con el dentista. Soy Penny Worth. Mi número telefónico es el 01 98 44 65 79."

" *Jade, it's Alison here. I need to speak to you urgently. In case you haven't got my mobile number, it's 08702 192561.*
Jade, soy Alison. Tengo que hablar contigo urgentemente. Si no tienes mi número de celular, es el 08 702 192 561."

⚠️ **Cuando se da un número telefónico en inglés, se pronuncia cada cifra por separado. Por ejemplo, 977240369 se dirá 'nine, double seven, two, four, O, three, six, nine'.**

Las llamadas telefónicas comerciales

Si todas las líneas están ocupadas o si las oficinas están cerradas, sin duda escucharemos un mensaje informativo:

" *Our offices are closed until 9 a.m. If you would like us to contact you, please leave your name and telephone number after the tone.*
Nuestras oficinas están cerradas hasta las 9 de la mañana. Nos comunicaremos con usted si deja su nombre y número telefónico después de la señal."

" Thank you for calling Fabulous International
Breaks. All our operators are busy at the
moment. Please hold the line.
Gracias por llamar a Fabulous International Breaks.
Por el momento todas nuestras operadoras están
ocupadas. Por favor no cuelgue."

" Welcome to Windfall Banking London Account. If
you have a touch phone, press 1 for more
information, press 2 to close your account, press
3 to make a withdrawal. Hold the line to speak to
an operator.
Bienvenido a Windfall Banking London Account. Si
tiene un teléfono de tonos, presione el 1 para mayor
información, presione el 2 para cerrar su cuenta,
presione el 3 para efectuar un retiro. No cuelgue si
desea hablar con la operadora."

Si hablamos con una operadora, podemos hacer las siguientes preguntas:

" Can I speak to Rory O'Neill please?
¿Podría hablar con Rory O'Neill, por favor?"

" Could you put me through to Tessa O'Toole please?
¿Podría comunicarme con Tessa O'Toole, por favor?"

Si la línea está ocupada, podemos recibir estas respuestas:

" I'm afraid it's engaged. Will you hold the line?
Lo siento, está ocupado. ¿Gusta esperar?"

" Mr O'Neill's on the other line. Shall I ask him to
call you back?
El Sr. O'Neill está en otra línea. ¿Desea que se
comunique más tarde?"

" I'm sorry I can't get through. Will you try again later?
Lo siento, no puedo comunicarlo. ¿Desea intentar más
tarde?"

Si nuestro interlocutor no está disponible:

" Mrs O'Toole's in a meeting at present. Who shall I
say called?
Por el momento la Sra. O'Toole está en una reunión.
¿De parte de quién?"

" Mr McNally's not in today. Can I take a message?
El Sr. McNally no vino hoy. ¿Desea dejarle un mensaje?"

En caso de urgencia:

" It's very important I speak to Michael Bean immediately.
Es muy importante que hable con Michael Bean de
inmediato."

" I've got an urgent message for Moira Docherty.
Tengo un mensaje urgente para Moira Docherty."

" I need to talk to her personally.
Tengo que hablar con ella personalmente."

" Could you give her my e-mail address in case I'm
out when she rings? It's amartin@inca.com.
¿Podría darle mi dirección de e-mail en caso de que
salga cuando me llame? Es amartin@inca.com."

⚠ Cuidado, en inglés *'le'* se traduce como *'to him'* si se
trata de un hombre y *'to her'* si se trata de una mujer. En
las direcciones electrónicas, la arroba se pronuncia *'at'* y el
punto se dice *'dot'*.

Probablemente nos pedirán nuestros datos:

" Can you give me your details?
¿Podría darme sus datos?"

" Could you tell me your name please?
¿Podría darme su nombre, por favor?"

" What's the name of your organisation?
¿Cuál es el nombre de su organización?"

" Would you mind spelling that please?
¿Podría deletrearlo, por favor?"

2. Los correos electrónicos

Una forma de 'escritura oralizada'

Con excepción de los saludos, en el correo electrónico (o
e-mail) nos expresamos más o menos como en una conversación:

Dear Hayley,
It was lovely to see you last weekend at Simon's party.
I hope you had a good trip back to Edinburgh. I
thought of you when I heard that flights were delayed
because of bad weather.
Look forward to seeing you again soon.
Love
Helen

Querido Hayley:
Fue maravilloso verte en la fiesta de Simon el pasado
fin de semana. Espero que tu viaje de vuelta a
Edimburgo haya sido agradable. Pensé en ti cuando
escuché que los vuelos se retrasaron por el mal tiempo.
Espero verte pronto de nuevo.
Con afecto,
Helen

En ocasiones se emplea el estilo telegráfico:

Hi Barry,
Good to hear from you after all this time. Sorry football
match was such a disaster. No wonder, with rain and
mud all over the pitch. Weather terrible here too. Hope
it improves before holiday. Any chance of seeing you
Easter weekend? We're at a bit of a loose end, now
Toby's left home. Could catch up with news.
Love
June

Hola Barry:
Es bueno por fin saber de ti. Lástima que el juego de
fútbol haya sido un desastre. No es raro, con lluvia y
lodo en el campo. Hace un tiempo terrible aquí también.
Esperemos que mejore antes de vacaciones.
¿Podríamos vernos el fin de semana de Pascua?
Estamos un poco desorientados desde que Toby se
fue. Podríamos intercambiar noticias.
Besos
June

99

Puede ser que recibamos información o mensajes de este tipo:

To all owners of Jocasta Cars, model number 1352. Message for all purchasers of the above model. A fault has been located in the rear screen heater. Please contact your local dealer as soon as possible.
H.I. Jinks
Area Manager, Hellenic Limousines Inc.

A todos los propietarios de autos Jocasta, modelo número 1352. Mensaje para todos los compradores de dicho modelo. Se ha encontrado una falla en la calefacción del parabrisas trasero. Favor de comunicarse con su concesionario lo antes posible.
H.I. Jinks
Director regional, Hellenic Limousines Inc.

Muchas empresas envían e-mail a su personal por Intranet:

PENNE Universal. Warning to all staff. Will all users please note that if they receive an e-mail attachment called 'Friendly Ants', they are to delete it immediately. Under no circumstances should they attempt to open the attachment.

PENNE Universal. Alerta a todo el personal. Se les pide a todos los usuarios que, si reciben un archivo adjunto de e-mail llamado 'Friendly Ants', lo borren de inmediato. Bajo ninguna circunstancia deben tratar de abrir el archivo adjunto.

MINESTRONE Global. In future staff vacancies will be advertised on our new webpage under Employment Opportunities.

MINESTRONE Global. A partir de ahora las vacantes se anunciarán en nuestra página Web bajo el nombre de Ofertas de Empleo.

Message to all staff at Keybridge College. Due to building work car park 2 will be closed for 4 months starting Monday 11th February. Access will be strictly forbidden during that time. Please acknowledge receipt of this e-mail by informing T. Taurus by return.

Mensaje para todo el personal de Keybridge College. El estacionamiento 2 permanecerá cerrado durante 4 meses por obras a partir del lunes 11 de febrero. El acceso estará estrictamente prohibido durante dicho periodo. Por favor respondan a T. Taurus para informar que recibieron este e-mail.

Ponga a prueba sus conocimientos

I. Elija la respuesta correcta:

1. *I'm afraid I'm going to be late. The train's been .....*
   (a) *put back*
   (b) *delayed*
   (c) *retarded*

2. *I'll ring again in ten minutes'.....*
   (a) *hour*
   (b) *later*
   (c) *time*

3. *I'm sorry it's engaged. Will you ..... the line?*
   (a) *hang on to*
   (b) *hold*
   (c) *hang up*

4. *I've got an urgent ..... for Susan Hill.*
   (a) *massage*
   (b) *message*
   (c) *ticket*

II. Llene los espacios:

1. *Thank you for sending me .... of the Elford Twinning Association.*

2. *We are .... forward to meeting you.*

3. *Our offices are .... until 8 a.m. Please leave a message and we'll ring you back.*

4. *Will you ring Mrs Peters again later? I'm sorry I can't get .... at the moment.*

Respuestas:

I. *1b - 2c - 3b - 4b* **II.** *details - looking - closed/shut - through*

Los sustantivos

1. El género

En inglés, los sustantivos no tienen género gramatical y los artículos definidos (*the*) e indefinidos (*a/an*) son invariables. Algunos sustantivos tienen una forma masculina y una femenina (*steward/stewardess*).

2. El plural

En general, la marca del plural es una *–s*.

pen/pens, house/houses, car/cars.

En algunos casos debe modificarse el sustantivo para formar su plural.

(wo)man/(wo)men, child/children, tooth/teeth, mouse/mice

Algunos sustantivos conservan la misma forma en singular y en plural.

sheep, deer, fish, aircraft, series, species

3. Numerables y no numerables

Los sustantivos numerables son aquellos que poseen un singular y un plural, y que pueden contarse. Pueden estar precedidos por *a/an*, *the*, *some* o por un número.

Singular: *a book, the book, one book*

Plural: *some books, the books, three books*

Los sustantivos no numerables no tienen plural. Se refieren a un conjunto de objetos, a materiales, nociones abstractas o estados. Pueden estar precedidos por *some*: *water, furniture, money, food, work, happiness.*

Los artículos

1. El artículo indefinido

¿*a* o *an*?

El artículo *a* se utiliza antes de una consonante: *a car, a job, a year.*

También se utiliza delante de un nombre que comience con una vocal pronunciada [j] o [w], o delante de una 'h' aspirada: *a university, a one-way ticket, a house, a husband.*

El artículo *an* se utiliza delante de una vocal o una 'h' muda: *an animal*, *an architect*, *an hour*, *an honour*.

2. El artículo definido

Uso

The es el artículo definido que se utiliza para todos los nombres, tanto en singular como en plural. Corresponde a él, la, los, las en español. Se utiliza para indicar que se está hablando de algo o alguien específico o único.

" *I can't find the dictionary.*
No encuentro el diccionario."

Ausencia de artículo

La ausencia de artículo delante de los sustantivos indefinidos y de los definidos en plural destaca la naturaleza 'genérica' del sustantivo.

" *I hate fish.*
Detesto el pescado."

Los adjetivos

Los adjetivos son invariables: *a tall man/a tall woman*, *a friendly dog/friendly dogs*.

Los adjetivos calificativos se colocan siempre delante del sustantivo que califican: *a beautiful house*, *expensive shoes*.

⚠ ¡Atención!

Los gentilicios se escriben con mayúscula.

French wine, *English humour*.

El comparativo y el superlativo

1. El comparativo de los adjetivos

Existen tres categorías de comparativos:

- – el comparativo de superioridad (más... que);
- – el comparativo de inferioridad (menos... que);
- – el comparativo de igualdad (tan... como).

" *He is taller than you.*
Él es más grande que tú."

" *She is more intelligent than her sister.*
Ella es más inteligente que su hermana."

" *The cassette is less expensive than the CD.*
El casete es menos caro que el CD."

" *The book is as expensive as the CD-Rom.*
El libro es tan caro como el CD-ROM."

El comparativo de superioridad puede construirse de dos formas. En general, se agrega *-er* a los adjetivos cortos y se antepone *more* a los adjetivos largos.

taller, shorter, quicker, pero *more intelligent, more expensive, more beautiful.*

2. El superlativo de los adjetivos

Existen dos categorías de superlativos:

– el superlativo de superioridad (el/la/los/las más...);
– el superlativo de inferioridad (el/la/los/las menos...).

Los superlativos se contruyen agregando *-est* a los adjetivos cortos y anteponiendo *most* (de superioridad) o *least* (de inferioridad) a los adjetivos largos. En ambos casos, el adjetivo va precedido por *the*.

" *The tallest man.*
El hombre más alto."

" *The most expensive book.*
El libro más caro."

⚠ ¡Atención!

El comparativo y el superlativo de algunos adjetivos son irregulares.

adjetivo	comparativo	superlativo
bad	*worse*	*the worst*
far	*farther/further*	*the farthest/furthest*
good	*better*	*the best*

Los pronombres personales

Forma

		Pronombre sujeto	Pronombre objeto
Singular			
1ra. persona		I	me
2da. persona		you	you
3ra. persona	masculino	he	him
	femenino	she	her
	indefinido	one	one
	neutro	it	it
Plural			
1ra. persona		we	us
2da. persona		you	you
3ra. persona		they	them

El posesivo

1. El caso posesivo

En español, un vínculo de posesión se indica mediante la cosa poseída + de + el poseedor; en inglés, el nombre del posesor va seguido por –'s + el nombre de la cosa poseída.

" Paul's mother.
La madre de Paul."

" The boss's office.
La oficina del jefe."

⚠️ ¡Atención!

Cuando los nombres en plural terminan en –s, el nombre del poseedor va seguido por el apóstrofe y después el nombre de la cosa poseída.

" My parents' car.
El auto de mis padres."

2. Los adjetivos y pronombres posesivos

		Adjetivo posesivo	Pronombre posesivo
Singular			
1ra. persona		my	mine
2da. persona		your	yours
3ra. persona	masculino	his	his
	femenino	her	hers
	indefinido	one's	
	neutro	its	
Plural			
1ra. persona		our	ours
2da. persona		your	yours
3ra. persona		their	theirs

El adjetivo posesivo se coloca antes del sustantivo. El pronombre posesivo se utiliza en lugar de la construcción adjetivo posesivo + sustantivo cuando este último ya ha sido mencionado o no es necesario repetirlo.

" That's his car and this is mine.
Ése es su auto y éste es el mío."

Expresar el presente

Existen dos formas de presente:

1. El presente simple
Formación

Se utiliza la base verbal en todas las personas a excepción de la tercera del singular, a la cual se agrega una –s.

Forma de base: work

singular: I/you work; he/she/it works y we/you/they work en plural.

El verbo to be (ser o estar) es irregular:

I am (yo soy/estoy); you are (tu eres/estás); he/she/it is (él/ella/ello es/está); we are (nosotros somos/estamos); you are (ustedes son/están); they are (ellos/ellas son/están).

Uso

Por lo general, el presente simple corresponde al presente del indicativo en español.

⚠ ¡Atención!

En inglés, las subordinadas introducidas por *if, when* o *after* con valor de futuro utilizan el presente simple.

" *I'll go on holiday when I have enough money.*
Iré de vacaciones cuando tenga suficiente dinero."

2. El presente continuo

Formación

El presente durativo se construye con el auxiliar *to be* en presente + la base verbal terminada en *-ing*.

I am; you are; he/she is; we are; you are; they are + studying computing (Yo estudio/él/ella estudia informática).

Uso

El presente continuo se emplea para hablar de un acontecimiento que sucede durante un periodo limitado que incluye el momento presente:

" *At the moment I am working as a waitress.*
Por ahora trabajo como mesera."

También se utiliza para expresar un acontecimiento que está sucediendo o se está llevando a cabo.

" *She is talking to a customer.*
Ella está hablando con un cliente."

Indica que la acción se produce en el momento presente:

" *It is raining.*
Llueve/Está lloviendo."

Puede tener un valor de futuro cuando se trata de un proyecto que no tardará en realizarse:

" *We're moving house next Friday.*
Nos mudaremos el próximo viernes."

El participio pasivo

Las formas del participio pasivo de los verbos regulares son siempre iguales. Basta con agregar *–ed* a la base verbal: *finished, worked, talked, answered, looked, seemed*.

Cuidado, existen algunos verbos irregulares.

Expresar el pasado

Existen dos tiempos principales para hablar del pasado en inglés: el pretérito, el 'verdadero' tiempo del pasado, que habla de un acontecimiento terminado, y el perfecto, que describe un pasado 'relativo', es decir un acontecimiento terminado que tiene consecuencias medibles y palpables en el presente.

1. El pretérito simple

Formación

Las formas del pretérito de los verbos regulares son siempre iguales y corresponden a las del participio pasivo.

Uso

El pretérito simple se utiliza cuando el acontecimiento pertenece por completo al pasado y existe una ruptura en relación con el momento presente. Corresponde al pretérito en español.

" *I designed all the software for the traffic flow system in Milan.*
Yo diseñé todos los programas del sistema de circulación en Milán."

El pretérito simple se utiliza con indicaciones de tiempo precisas como la hora, la fecha o expresiones como *on Monday, last night, two years ago, yesterday,* etcétera.

" *I graduated in Modern Languages and Business Studies two years ago.*
Me gradué en Letras modernas y Administración hace dos años."

2. El *present perfect* (antepresente)

Formación

have o *has* (tercera persona del singular) + participio pasivo.

Uso

El present perfect se utiliza cuando existe una relación entre un acontecimiento del pasado y la situación presente:

" *During the course of my work at Zappa Telescopics, I've become familiar with laser technology.*
Desde que trabajo en Zappa Telescopics me he familiarizado con la tecnología láser."

Con los verbos de estado, el present perfect expresa algo que comenzó en el pasado y continúa en el momento presente:

" He has looked ill for quite a while.
Hace mucho que se ve enfermo."

Se utiliza cuando el acontecimiento se sitúa en un pasado relativamente vago, sin indicaciones temporales:

" Have you seen the latest Russell Crowe film?
¿Ya vio usted la última película de Russell Crowe?"

Con expresiones como *so far, until now, yet, not yet, ever, never, already, recently*, este tiempo indica la idea de 'hasta ahora':

" I've never visited Japan.
Nunca he visitado Japón."

" I haven't been to London yet.
Aún no he estado en Londres."

También se emplea para expresar desde cuándo ocurre cierta situación, lo cual corresponde en español al presente del indicativo + desde. Desde se traduce como *for* (para expresar la duración) o *since* (para expresar un punto de partida).

" I have known Michelle for twenty years.
Conozco a Michelle desde hace veinte años."

" I have known Michelle since 1982.
Conozco a Michelle desde 1982."

3. El *past perfect* o *pluperfect* (antepretérito)

Formación

had + participio pasivo.

Uso

El uso de este tiempo corresponde por lo general al del antecopretérito en español: indica que un acontecimiento del pasado es anterior a otro también pasado.

" He had already worked abroad before he began working at the embassy.
Ya había trabajado en el extranjero antes de empezar a trabajar en la embajada."

4. *Used to*

Esta expresión se traduce con el copretérito en español.

Se emplea para hablar de algo que ocurrió en el pasado durante algún tiempo y que ya terminó. Expresa la idea de 'antes' o 'en otro tiempo'.

" *He used to be responsible for all of the technical operations of the Nausica wreck project.*
Era el responsable de todas las operaciones técnicas en el proyecto del naufragio del Nausica."

El futuro

En inglés no existe el futuro como tiempo gramatical, pero hay varias formas de expresar lo que ocurrirá en el porvenir. Las diferentes maneras de expresar el futuro reflejan diferentes grados de probabilidad, o bien indican si se trata de un futuro más o menos próximo.

1. *will* o *shall* + base verbal

Will y *shall* se sustituyen a menudo con su contracción –*'ll*. *Shall* sólo se utiliza en la primera persona (singular o plural).

" *I'll ask him to call you back.*
Le pediré que le llame."

2. *to be going to* + base verbal

" *They're going to buy a new car.*
Van a comprar un auto nuevo."

To be going to go a menudo se reduce a *to be going*:

" *We're going to the Lake District in July.*
Vamos (a ir) a la región de los Lagos en julio."

3. *to be to/be about to* + base verbal

" *The train is about to leave.*
El tren está a punto de partir."

⚠ ¡Atención!

En las subordinadas introducidas por *if*, *when* o *after* con valor de futuro, se utiliza el presente simple en inglés.

" *I'll go on holiday when I have enough money.*
Iré de vacaciones cuando tenga suficiente dinero."

Los auxiliares

En inglés se utilizan auxiliares para expresar el tiempo, la voz, la negación, la interrogación y el modo.

To be se utiliza para formar la voz pasiva y las formas durativas. Note que la voz pasiva en inglés suele traducirse como voz activa en español.

" *The bread was bought this morning.*
El pan fue comprado esta mañana/Se compró pan esta mañana."

To have se utiliza para construir las formas compuestas de los tiempos:

" *When he had given up work, he felt much happier.*
Cuando dejó de trabajar se sintió mucho más feliz."

To do + base verbal se utiliza para formar las frases negativas, interrogativas o enfáticas.

En presente se emplea *do/does*. Para la forma negativa se emplea *don't/doesn't* (contracciones de *do/does not*).

" *It doesn't get any better.*
Esto no mejora."

" *Do you know everybody?*
¿Conoce usted a todos?"

En pretérito se emplea *did* y *didn't* (contracción de *did not*).

Los auxiliares modales son *can, could, may, might, must, shall, should, will* y *would*. Se utilizan para expresar un punto de vista: la posibilidad o la probabilidad (*can, could, may,* y *might,* poder), lo que conviene hacer (*must, shall* y *should,* deber) o bien la voluntad (*will* y *would,* querer).

" *Could we meet some other time?*
¿Podríamos vernos algún otro día?"

" *May I make a suggestion?*
¿Puedo hacer una sugerencia?"

" *You must stop working now.*
Debe dejar de trabajar en este momento."

" *Shall I close the window?*
¿Quiere que cierre la ventana? (= ¿Debo cerrar la ventana?)"

" I think John should find another flat.
Creo que John debería buscar otro departamento."

Uso

Los modales simplemente se anteponen a la base verbal:

" Can you repeat that please?
¿Podría repetirlo por favor?"

En presente tienen la misma forma en todas las personas:

" You may/she may get the job.
Puede ser que usted/ella obtenga el trabajo."

" She may return home tomorrow.
Puede ser que ella regrese mañana."

Algunos modales no pueden emplearse en pasado o futuro. En dado caso deben sustituirse con un equivalente:

" I don't know if I'll be able to unlock the door.
No sé si podré abrir la puerta."

" He had to take a day off because he didn't feel well.
Tuvo que tomarse un día libre porque no se sentía bien."

To be, to have, to do y los modales pueden contraerse, en especial si se combinan con la negación not que siempre se coloca detrás del auxiliar.

Hacer preguntas

1. Cómo formar las preguntas

Para hacer una pregunta en inglés debe utilizarse un auxiliar.

Si el verbo es un auxiliar, basta con hacer la inversión: auxiliar + sujeto.

" Are you an engineer?
¿Es usted ingeniero?"

" Is he here on business?
¿Está aquí por negocios?"

Si el verbo principal no es un auxiliar, debe utilizarse la construcción: auxiliar + sujeto + verbo:

" Have you worked abroad?
¿Usted ha trabajado en el extranjero?"

" Could I use the bathroom?
¿Podría usar el baño?"

Cuando no hay auxiliar, deben emplearse *do* o *does* en presente, y *did* en pretérito, seguidos por la base verbal.

" *Do you know everybody?*
¿Conoce usted a todos?"

" *Did you have a good trip?*
¿Tuvo usted un buen viaje?"

2. Las palabras interrogativas

Los pronombres interrogativos

Por lo general se colocan al inicio de una frase, pero pueden estar precedidos por una preposición.

" *Who lives at number 11 Downing Street?*
¿Quién vive en Downing Street 11?"

" *Who/Whom do you see more often, Susie or Jane?*
¿A quién ves más seguido, a Susie o a Jane?"

" *Whose car is parked outside my house?*
¿De quién es el auto estacionado delante de mi casa?"

" *Which one do you want?*
¿Cuál quieres?"

Otras palabras interrogativas

" *How are you?*
¿Cómo está usted?"

" *How do you like your coffee, black or white?*
¿Cómo toma el café, solo o con leche?"

" *When do they go on holiday?*
¿Cuándo se van de vacaciones?"

" *Where does she live?*
¿Dónde vive ella?"

" *Why does he go to Scotland?*
¿Por qué él va a Escocia?"

⚠ ¡Atención!

En inglés, para preguntar cómo es alguien o algo, no puede utilizarse *how*, debe emplearse *what ... like*.

" *What's the new boss like?*
¿Cómo es el nuevo jefe?"

Cantidades

Para preguntar por una cantidad en inglés se utiliza *how much* + singular y *how many* + plural.

" How much money have you got?
¿Cuánto dinero tiene usted?"

" How many hours did you spend working on this project?
¿Cuántas horas pasó usted trabajando en este proyecto?"

Los verbos con partícula
o *phrasal verbs*

Los verbos compuestos en inglés son muy numerosos.
Existen los verbos preposicionales, que se forman con la
base verbal seguida por una preposición y un complemento, y los verbos con partícula o phrasal verbs, es decir, los
que se forman con la base verbal seguida por una partícula adverbial (*up*, *down*, *off*, etcétera) que forma parte inte-
gral del verbo y cambia su sentido original.

Por ejemplo, compare:

" She always brings flowers.
Ella siempre trae flores."

" She's bringing up three children under five.
Ella está criando tres hijos menores de cinco años."

" He makes candles.
Él hace velas."

" He made the story up.
Él inventó esa historia."

" I gave the children five pounds.
Le di cinco libras a los niños."

" Why did you give up?
¿Por qué se dio usted por vencido?"

Un mismo *phrasal verb* puede tener varios sentidos:

" Turn the TV on.
Enciende la televisión."

" They turned up late.
Ellos llegaron tarde."

La partícula es a menudo un adverbio de lugar que se coloca inmediatamente después de la base verbal:

" Do sit down.
Siéntese usted."

Algunos *phrasal verbs* se construyen con una preposición y un complemento, lo cual otorga al verbo otro sentido. Compare:

To put up curtains (colgar las cortinas), *to put up a guest* (alojar a un invitado), *to put up with a situation* (soportar una situación).

⚠ ¡Atención!

Cuando el complemento de objeto es un nombre, puede colocarse antes o después de la partícula:

" *Turn the radio off/Turn off the radio.*
Apaga la radio."

Si es un pronombre, debe colocarse antes de la partícula:

" *Turn it off.*
Apágala."

Cuando hay dos partículas, éstas permanecen pegadas al verbo:

" *She came up with a brilliant idea.*
Ella tuvo una idea genial."

Cuando el phrasal verb va seguido de otro verbo, éste es un gerundio:

" *I gave up smoking.*
Dejé de fumar."

Es aconsejable optar por el *phrasal verb* y no por el verbo inglés más cercano a su equivalente en español, como por ejemplo *to give up* en lugar de *to abandon*, *to find out* en lugar de *to discover*.

Lista de los principales *phrasal verbs* que pueden utilizarse en lugar de sus equivalentes cercanos en español: *to go in* (entrar), *to go up* (subir), *to go down* (bajar), *to look at* (mirar), *to set off* (partir), *to break off* (separar).

Verbos irregulares más comunes

1. Primera categoría

El pretérito y el participio pasivo de estos verbos tienen la misma forma. He aquí algunos de los más frecuentes:

bring	brought	keep	kept
buy	bought	build	built
dream	dreamt	find	found
feel	felt	hold	held

have	had	learn	learnt
hear	heard	light	lit
leave	left	make	made
lend	lent	meet	met
lose	lost	read	read
mean	meant	sell	sold
pay	paid	stick	stuck
say	said	understand	understood
send	sent	stand	stood
sit	sat	tell	told
sleep	slept	think	thought
spend	spent	win	won

2. Segunda categoría

En inglés estadounidense, una de las formas del participio pasivo de *to get* es *gotten*.

Entre estos verbos hay algunos que sólo tienen una forma irregular (*to show, showed, shown*).

El pretérito y el participio pasivo tienen formas diferentes. He aquí una lista no exhaustiva de estos verbos:

Base verbal	Pretérito	Participio pasivo
be	was/were	been
become	became	become
begin	began	begun
choose	chose	chosen
do	did	done
drink	drank	drunk
eat	ate	eaten
fly	flew	flown
forget	forgot	forgotten
give	gave	given
ring	rang	rung
run	ran	run
show	showed	shown
sing	sang	sung
speak	spoke	spoken
swim	swam	swum

Base verbal	Pretérito	Participio pasivo
wear	wore	worn
break	broke	broken
come	came	come
drive	drove	driven
fall	fell	fallen
forbid	forbade	forbbiden
get	got	got
go	went	gone
know	knew	known
ride	rode	ridden
see	saw	seen
steal	stole	stolen
take	took	taken
wake	woke	woken
write	wrote	written

3. Tercera categoría

Estos verbos, de una sola sílaba, terminan en –d o –t y tienen una misma forma para la base verbal, el pretérito y el participio pasivo:

cost, cut, hit, hurt, let, put, set, shut.

La contracción

Las contracciones de *to be* y de los auxiliares se utilizan al hablar y al escribir, en un tono familiar. En las oraciones afirmativas, sólo *to be*, *to have*, *will/shall* y *would* poseen contracciones. Todos los auxiliares, salvo *may*, tienen contracciones que incorporan la negación *not*.

Las contracciones se utilizan en oraciones interrogativas negativas:

Can't you find it?

Doesn't he agree?

En las oraciones afirmativas, sólo las formas del presente tienen contracción:

I'm going; you're going; he's/she's going; we're going; they're going.

En el caso de *to have*, las formas del presente y del pasado tienen contracciones: *They've got a flat in Paris, She's gone away, I'd decided to go.*

La contracción de *will* y *shall* es *'ll: I'll come tomorrow, it'll be all right.*

La contracción de *would* es *'d: He said he'd help me, I'd rather have tea.*

En las oraciones negativas, las contracciones de *to be, to have* y *to do* son las siguientes:

to be: *are not/aren't, was not/wasn't, is not/isn't, were not/weren't.*

Cuidado, en la primera persona del singular, la contracción se basa en *am* ('*m*) mientras que *not* permanece entero: *I'm not sure what to do.*

to have: *have not/haven't, has not/hasn't, had not/hadn't.*

to do: *do not/don't, does not/doesn't, did not/didn't.*

En el caso de los auxiliares modales *can, could, might, must, shall, should, will* y *would*, las contracciones son las siguientes:

can/can't

La forme negativa no contraída se escribe en una sola palabra: *cannot.*

could/couldn't, might/mightn't, must/mustn't, shall/shan't, should/shouldn't, will/won't, would/wouldn't.

Índice

121